课 题 名 称：北京市汉语国际推广现状与发展战略研究

课题总策划：谷天刚　王春艳

课题委托单位：北京市汉语国际推广中心

课题组组长：吴应辉　央　青（中央民族大学国际教育学院）

课题组副组长：谷　陵

课题组成员：黄金英　许　丹　宋　飞　盛译元　吴　峰　王　维
蔡　甜　孙宓琪　李　锷　叶俊杰　张　博　吴明珠
金春花　李　玉　陈　思　王　璐

汉语国际传播与国际汉语教学研究丛书　总主编／吴应辉

The Globalization of Chinese and International Chinese Teaching Series

北京市汉语国际推广现状与发展战略研究报告

Chinese Language Globalization and Stratages of Beijing

◎ 吴应辉　央　青　谷　陵等著

中央民族大学出版社
China Minzu University Press

图书在版编目（CIP）数据

北京市汉语国际推广现状与发展战略研究报告 / 吴应辉等著.
—北京：中央民族大学出版社，2012.2
ISBN 978-7-81108-358-3

Ⅰ. ①北… Ⅱ. ①吴… Ⅲ. ①汉语—对外汉语教学—研究报告—北京市 Ⅳ. ①H195

中国版本图书馆CIP数据核字（2012）第123403号

北京市汉语国际推广现状与发展战略研究报告

作　　者　吴应辉
责任编辑　戴佩丽
封面设计　布拉格
出 版 者　中央民族大学出版社
　　　　　北京市海淀区中关村南大街27号　邮编：100081
　　　　　电　话：68472815（发行部）传真：68932751（发行部）
　　　　　68932218（总编室）　　68932447（办公室）
发 行 者　全国各地新华书店
印 刷 厂　北京宏伟双华印刷有限公司
开　　本　787×1092（毫米）　1/16　　印张：15.875
字　　数　170千字
版　　次　2012年11月第1版　2012年11月第1次印刷
书　　号　ISBN 978-7-81108-358-3
定　　价　68.00元

汉语国际传播与国际汉语教学丛书总序

吴应辉

目前来华学习汉语人数不到全球学习汉语人数的1%，而在中国境外学习汉语的人数达99%以上。国际汉语教学已成为学术界关注的一个热点，然而从目前出版和发表的有关论著来看，研究对外汉语教学的很多，但研究国际汉语教学的很少。汉语国际传播及国际汉语教学的实践已经超前于理论，或者说我们的汉语国际传播及国际汉语教学理论滞后于实践。作为国际汉语教学的从业者，大家都应肩负起历史使命，对汉语国际传播及国际汉语教学进行研究，深入探讨相关的理论和实践问题。

中央民族大学在上个世纪五十年代就开始了对越南学生的汉语教学，成为当时中国最早接收外国留学生的八所院校之一，但在对外汉语教学学科建设方面起步较晚。近年来，中央民族大学国际教育学院调整了学科建设方向，将研究力量集中于汉语国际传播和国际汉语教学。在学校的大力支持下，我们的国际汉语教学学科建设已经取得初步成果。我们在全国高校中率先在语言学及应用语言学专业博士研究生培养中设立汉语国际传播研究方向；我们是全国第一个明确把“国际汉语教学”列为重点培育学科加以建设的汉语教学机构；我们创新性地设计并组织实施了“汉语国际教育硕士”的“1+2+X”培养模式；我院绝大部分专职教师和20多位中外博士生都把研究方向集中到了国际汉语教学及其重要组成部分汉语国际传播上，研究领域包括泰国、马来西亚、缅甸、韩国、美国、越南等国家的汉语传播问题，内容涵盖国际汉语教学宏观和微观层次的诸多问题；我们已承担了包括两项国家社科基金课题、教育部新世纪优秀人才支持计划项目和教育部人文社会科学项目在内的多项汉语国际传播纵向和横向课题；我们正在进行国际汉语教学案例库和汉语国际传播数据库建设……

我们才刚刚起步，我们愿不断努力，与兄弟院校一起在汉语国际传播和国际汉语教学领域拓荒、播种，并愿意与国内外同行分享我们的收获。我们将以全球化的眼光、国际化的思维和创新务实的行动，努力开展汉语国际传播和国际汉语教学研究，推动国际汉语教学学科建设，为汉语和中国文化走向世界尽一份绵薄之力。

经过中央民族大学国际教育学院两年多的策划和研究，汉语国际传播与国际汉语教学丛书开始陆续出版了。希望这套丛书能从各个侧面对国际汉语教学学科的形成和建设起到支撑作用，能为国际汉语教学的专家学者带来另一种清新的学术空气，给青年学者和博士、硕士研究生选择未来的研究领域提供新的视野，并为汉语国际传播有关机构提供决策参考。这套丛书虽为中央民族大学国际教育学院策划，但我们的作者并不限于本院师生，我们热忱欢迎国内外有志于汉语国际传播和国际汉语教学研究的专家学者加盟我们的队伍，我们愿意将符合丛书主题的学术成果列入丛书出版。

鉴于广大读者甚至很多业内学者和学生对汉语国际传播与国际汉语教学的认识尚不够深入，谨以本人在《语言文字应用》2010年第3期上发表的拙作“国际汉语教学学科建设及汉语国际传播研究探讨”代序，对汉语国际传播与国际汉语教学做一些学术探讨，以增进学界对国际汉语教学学科的认识。

国际汉语教学学科建设及汉语国际传播研究探讨[①]

（代序）

随着汉语快速走向世界，对外汉语教学时代正在转型为国际汉语教学时代，传统的对外汉语教学正在转型为国际汉语教学，因此，有必要努力建立与之相适应的国际汉语教学学科。国际汉语教学学科应该包括传统的对外汉语教学和汉语国际传播两大部分。汉语国际传播是指建立在世界各国对汉语需求的基础之上，汉语遵循语言传播规律，从中国走向世界的语言传播现象。汉语国际传播研究是国际汉语教学研究的重要组成部分。鉴于此前很少有人讨论过相关问题，本文将探讨建立国际汉语教学学科的必要性、国际汉语教学与传统的对外汉语教学、汉语国际传播研究的关系、对外汉语教学向国际汉语教学的转型、国际汉语教学研究的理论基础和研究内容、国际汉语教学的学科建设、当前汉语国际传播研究的领域等问题，以期抛砖引玉，并希望有更多的同行参与到国际汉语教学及汉语国际传播的研究中来，不仅可以推动转型后的国际汉语教学学科建设，而且通过汉语国际传播研究可以为汉语国际推广工作提供更多的智力支持和决策参考。

①吴应辉：国际汉语教学学科建设及汉语国际传播研究探讨，《语言文字应用》2010年第3期，作者对文章进行了部分删节和小的改动。本文获“新世纪优秀人才支持计划资助”（Supported by Program for New Century Excellent Talents in University，“NCET”）。

一、国际汉语教学时代已经到来

随着中国综合国力的迅速增强，尤其是经过金融危机的洗礼，中国与世界发达国家的经济实力对比发生了很大的改变，差距正日益缩小。世界银行副行长兼首席经济学家林毅夫甚至指出，到2020年中国可能成为世界第一大经济体。[①]中国国际地位的快速上升，使世界各国人民了解中国的需要快速增强，汉语热正在世界各地悄然兴起，汉语国际传播的新时代已经到来。国家汉办主任、孔子学院总部总干事许琳说，世界学习汉语的人数也远超中方预期。据介绍，目前全世界有109个国家、3 000多所高等学校开设了汉语课程。特别是中小学开设汉语课的热情越来越高。世界各国学习汉语的人数，很多国家以50%甚至翻番的速度增长。全世界现在学习汉语的人数已经超过了4 000万。[②]世界范围的汉语需求增长迅速，从2004年到2009年，应世界各国有关机构的要求，国家汉办派出汉语教学志愿者达6 000多人。仅2008年一年，国家汉办就派出汉语教学志愿者1 700多人，分布在46个国家。2008年全国共派出汉语教师2 000余人，分布在105个国家。截止2008年底，应世界各地有关机构的请求，全球已建立孔子学院249所，孔子课堂56个。[③]周边国家的汉语热尤为突出，“日本有200万人在学习汉语。韩国学习汉语的人数超过100万，现有的142所大学全部开设了汉语课程。韩国教育部计划在全国中小学普遍开设汉语课。印尼目前有1 000所中学正式开设汉语课。”[④]“泰国作为汉语热的新兴国家，开设汉语课的中小学已

①中国新闻网：http://www.chinanews.com.cn/cj/gncj/news/2009/03-19/1608221.shtml。

②新华网：世界“汉语热”远超预期，学习人数已超4000万，2009年03月13日 07:25:20。http://news.xinhuanet.com/edu/2009-03/13/content_11002421.htm。

③以上数字引自前教育部部长周济“在2008年孔子学院大会上的工作报告”。

④中国网：孔子学院影响力独特：4000万洋人学习汉语。http://www.china.com.cn/international/txt/2007-03/20/content_7987819.htm。

达千所以上，学习汉语的人数10年间增长了20多倍，2007年泰国学习汉语的中小学生超过20万人（206 134人）。泰国接收中国汉语教学志愿者人数列各国之首”，[①]2008年接收了870名来自中国的汉语教学志愿者，[②]2009年仅新派志愿者就达800人，加上留任的志愿者，在泰国的汉语教学志愿者人数已达上千人。泰国孔子学院建设也卓有成效，一个只有六千万人口的国家建立了11所孔子学院和孔子课堂。在泰国，学习汉语已经成为一种时尚，泰国汉语传播速度在当今汉语国际传播中是一个奇迹。在美国、欧洲，汉语教学的发展势头也非常良好，美国大学理事会的调查结果显示，全美有2 400多所中小学有意向在近几年开设汉语课，[③]美国出于国家安全的考虑，投入巨资开展“关键语言”（Critical Languages）教学，而汉语就是六种关键语言之一。在英国、法国、德国、俄罗斯等国家，开设汉语的学校也在快速增加。这些事实说明，国际汉语教学的时代已经到来。

二、国际汉语教学时代需要有与之相适应的国际汉语教学学科

对外汉语教学正快速向国际汉语教学转变，对外汉语教学学科也应该与时俱进，转型为国际汉语教学学科。自 20 世纪 80 年代对外汉语教学学科建立以来，我国对外汉语教学学科取得了快速发展，已形成一套自己的理论体系、研究方法，推出了大批研究成果，建立起了本科、硕士和博士三个层次人才培养的完整体系，

①吴应辉、杨吉春：泰国汉语快速传播模式研究，《世界汉语教学》2008年第4期。
②国家汉办志愿者中心提供数据。
③新华网：国外学汉语成时尚，美2400学校愿开中文课。http://news.xinhuanet.com/edu/2006-07/06/content_4800553.htm。
④汉语桥工程主要包括孔子学院、中美网络语言教学、教材、音像和多媒体制作、国内外汉语教师队伍建设、对外汉语教学基地建设、汉语水平考试、世界汉语大会和“汉语桥比赛”、“汉语桥”基金和援助国外中文图书馆和基本建设九个方面的内容。

为中国的对外汉语教学事业做出了应有的贡献。2003年国家汉办推出的“汉语桥工程”开始实施，[4]对外汉语教学开始向国际汉语教学转型。2004年，“国务院批准了国家对外汉语教学领导小组制定的对外汉语教学事业2003年至2007年发展规划——《汉语桥工程》，明确提出了‘集成、创新、跨越’作为对外汉语教学和汉语国际推广工作的发展战略，也就是：集成一切资源要素，采取创新的举措，实现对外汉语教学事业的跨越式发展。”[①]2005年7月在北京举办的首届世界汉语大会实为汉语国际推广的首次动员大会，来自五大洲66个国家的300多位代表出席了这次大会。此次大会之后，汉语国际推广工作进入了高速发展阶段。

“六大转变”的推出，进一步加快了从对外汉语教学向国际汉语教学的转型。2006年，对外汉语教学向国际汉语教学的转变得到国家汉办等有关部门在政策层面的推动，“针对我国多年来对外汉语教学的主战场在国内，以来华留学生为主要教学对象的传统汉语教学模式不适应国外对汉语的需求状况，提出了转变观念和工作重点，实施六大转变：一是发展战略从对外汉语教学向全方位的汉语国际推广转变；二是工作重心从将外国人‘请进来’学汉语向汉语加快‘走出去’转变；三是推广理念从专业汉语教学向大众化、普及型、应用型转变；四是推广机制从教育系统内推进向系统内外、政府民间、国内国外共同推进转变；五是推广模式从政府行政主导为主向政府推动的市场运作转变；六是教学方法从纸制教材面授为主向充分利用现代信息技术、多媒体网络教学为主转变。六个转变实际包含了三个层面：体制和机制，对象和教学类型，教材和教法。换言之，从过去的‘请进

①章新胜：加强汉语的国际传播，促进多样文化的共同发展，《求是》2005年第16期。

来'、对有一定学历的成年人进行面对面教学，发展到“走出去”、对社会上各式各样的人进行多种方式的教学，需要全方位的改进和改革。”[①]这一政策的推出，更加快了传统的对外汉语教学向国际汉语教学的转型。

目前的汉语教学除了我国国内的对外汉语教学之外，还有100多个国家都在开展汉语教学。据教育部公布的数据，2008年共有来自189个国家和地区的22万多（223 499）名各类来华留学人员，[②]与世界各国学习汉语人数相比，仅占不足1%（0.56%，按全世界4 000万人学汉语的数字计算）。我国2008年派出的汉语教学志愿者和汉语教师达3 000多人，但他们只占世界各国汉语教师中的极小的一部分。这些数据已经充分说明，汉语教学的主体不在国内而在国外。国际汉语教学时代已经到来。因此，我们有必要在传统的对外汉语教学学科的基础上扩充改造，形成与汉语国际传播形势相适应、更有利于学科发展的国际汉语教学学科。对外汉语教学的内涵是“对外国人的汉语教学”，隐含着“老师是中国人，中国老师教外国学生”之意。但进入国际汉语教学时代，当千千万万的外国人就在自己的国度学习汉语的时候，教授他们汉语的老师可能绝大多数都是本国人，对外汉语教学这一名称在中国以外的其他国家就显得不太合适。作为一个学科，其内涵已发生了巨大变化，甚至已变化到原有的学科名称不能涵盖的程度，因此，非常有必要用“国际汉语教学”替代“对外汉语教学”。这样，国际汉语教学学科就能很好地涵盖国际汉语教学时代的学科内涵发展需要。尽管形式上对外汉语教学这一名称的使

①许琳：汉语国际推广的形势和任务，《世界汉语教学》，2007年第2期。
②教育部2009年第6次新闻发布会：介绍2008年中国教育对外开放总体情况及出国留学、来华留学事业发展情况，见教育部网站：http://www.moe.gov.cn/edoas/website18/02/info1237941653766102.htm。

用仍然居主导地位，但现实中对外汉语教学学科已进入了国际汉语教学学科时代。从这个意义上讲，国际汉语教学这一能够充分反映此变化的新的学科名称替代“对外汉语教学”这一传统学科名称实属必然。

此外，现实中，“国际汉语教学”这一术语已在汉语教学界广泛使用，如由世界汉语教学学会定期召开的学术会议的名称确定为“第×届国际汉语教学讨论会”，由美国中文教师协会与中国大学联合定期举办的学术会议的名称确定为“第×届国际汉语教学学术研讨会”，国家汉办2009年4月与北京语言大学合作建立了“国际汉语教学研究基地”，其中使用的都是“国际汉语教学”，北京外国语大学出版的学术集刊叫“国际汉语教学动态与研究”（2009年开始更名为“国际汉语教育”），国家汉办制定的一套汉语课程大纲叫“国际汉语教学通用课程大纲”，其它使用较多的还有“国际汉语教学创新奖”，国际汉语教学资源展、国际汉语教学图书展等。总之，“国际汉语教学”这一术语在没有任何人刻意把它作为学科名称推出的情况下，在现实中已被无声无息地广为接受了。

当然，也有专家认为，应该使用“国际汉语教育”、“汉语外语教学”、“汉语作为外语教学”、“汉语作为第二语言教学”等名称，但笔者认为，“教育”有既教书又育人之意，隐含道德说教之嫌，中国教育特色太明显，毕竟这一学科名称是要涵盖全球汉语教学的，主要任务是“教书”，“育人”之功能宜弱化为佳。而“汉语外语教学”实为“汉语作为外语教学”的缩写，在人们对“汉语作为外语教学”和“汉语作为第二语言教学”两个术语争论不休的今天，“汉语作为外语教学”强调的是汉语在非汉语环境中作为外语的教学，也就是汉语在中国以外的其它国家自己的语言环境下的汉语教学，而“汉语作为第二语言教学”这一术语的内涵存在两种主要争议，一种意见认为，主要指在汉语环境下对外国人或母语不是汉语的其它人的汉语教学，其中也包括对母语非汉语的少数民族的汉语教学，如在中国对外国人进行的汉语教学或对母语为某种民族语言的少数民族的汉语教学；另一种意见认为，“第二语言是根据习得先后顺序来定义的。因此，对那些汉语为非母语者，无论是在美国还是在中国学习汉语，按照时间顺序，汉语都是他的第二语言,只是学习的环境不同。在中国,汉语是在“第二语言环境”（second language context）习得的，在美国，汉语是在“外语环境”（foreign language context）习得的。换句话说，第二语言与习得环境无关。”①由此可见，汉语作为第二语言教学不仅存在其内涵方面的争议，而且还存在把“对中国国内少数民族的汉语教学”包括进去的情况，将其作为国际汉语教学时代的反映国际汉语教学现实的学科名称显然不太恰当。综上所述，“国际汉语教育”、“汉语外语教学”、“汉语作为外语教学”、“汉语作为第二语言教学”等名称均存在明显的不足，相比之下，“国际汉语教学”这一名称既能反映汉语走向世界的现实，又能充分反映学科的内涵，而且不带任何道德说教之嫌，显得比较中性，兼顾到了各个方面，作为一个学科名称，应该是最佳选择。当然，也有意见认为，这个学科名称国际接轨程度不够，主要理由是，以英语为例，就没有“国际英语教学”之说。但是，中国应该有自己的创新，中国人应该有勇气创造出一个响亮的学科名称“国际

①王建勤：汉语国际传播标准的学术竞争力与战略规划，《云南师范大学学报》（对外汉语教学与研究版）2010年第1期。

汉语教学”，难说国际汉语教学这一名称使用后，世界各国会效仿创造出“国际××语教学”等一批学科名称。

三、汉语国际传播研究是国际汉语教学学科的两大组成部分之一

（一）汉语国际推广、汉语国际传播、国际汉语教学的区别与联系

汉语国际推广、汉语国际传播和国际汉语教学是一组既有联系又有区别的概念。三个概念的共同点是，都与汉语走向世界有关。汉语国际推广主要是作为一项事业的名称来使用，反映汉语的母语国中国努力把自己国家的语言汉语推广到世界的主动行为。这一术语曾一度被官方广泛使用，它能充分反映有关机构要把汉语推向世界的主动性、积极性和美好愿望，但会带来“文化侵略”之嫌的负面效应。本人注意到，此术语在正式重要场合，尤其是国际性重大活动中的正式讲话或报告很少使用。汉语国际传播是一个较为中性的学术术语，它能反映汉语走向世界的时代特征，同时也能涵盖与其相关研究领域当前和未来相当长一个时期的学科内涵，同时能为学科发展拓展更广阔的学术空间，是学术界普遍公认并广泛使用的一个国际汉语教学分支学科的学术术语。2009年5月教育部副部长、国家语委主任郝平指出，“当前，要优先发展当代社会急需的分支学科，如语言规划学、语言教学、计算机语言学、法律语言学、播音语言学、汉语国际传播等等。”[①]汉语国际传播被国家语委主任列入当前应该优先发展的分

①郝平：大力促进应用语言学发展，为国家的繁荣昌盛作贡献，中国语言文字网：http://www.china-language.gov.cn/。

支学科，说明发展这个分支学科的必要性和紧迫性。国际汉语教学则是反映全球汉语教学与研究的学科名称，在学科目录中至少应该列为二级学科，是汉语国际传播的上位学科，汉语国际传播是其分支学科，也是国际汉语教学最重要的组成部分。

（二）国际汉语教学与对外汉语教学、国别汉语教学的关系

国际汉语教学应包括传统的对外汉语教学和汉语国际传播两大部分。之所以把对外汉语教学列为国际汉语教学的两大部分之一，是因为对外汉语教学不论过去、现在还是未来，都是汉语走向世界的重要途径，只不过开展汉语教学的地域不在国外而在国内，开展汉语教学的语言环境是目的语环境而已。国际汉语教学和传统的对外汉语教学的关系是：对外汉语教学是国际汉语教学的前身和重要组成部分，国际汉语教学是对外汉语教学的继承和发展，它拓宽了对外汉语教学的研究视野，使对外汉语教学的交叉性特征更加明显，研究方法更加多样化。国际汉语教学和对外汉语教学是同一个学科，是一脉相承的，但国际汉语教学具有更强的多学科交叉性。之所以使用“国际汉语教学”这个名称，是因为它更能反映汉语国际传播的现实、当前和未来相当长一个时期的学科内涵，同时能为学科发展拓展更广阔的学术空间，总之，更有利于学科的持续健康发展。

从学科归属的角度说，对外汉语教学和国际汉语教学都应该属于语言学及应用语言学，都是一个以汉语言文字教学为基础、关涉到其它许多学科的交叉性学科；对外汉语教学作为国际汉语教学的前身和重要组成部分，经过20多年的努力，已经建立起了一套初具规模的理论体系，这些理论体系也是国际汉语教学的重要支撑，但国际汉语教学除传统的对外汉语教学理论体系部分外，汉语国际传播方面的理论体系尚处于草创阶段。也有观点认为，对外汉语教学应该属于教育学科，但笔者认为，该学科的基础、主干课程和教学内容均属于语言学，教育学相关内容仅为其中的很小部分，所以，还是应该归入语言学及应用语言学。

从理论基础来看，传统的对外汉语教学以语言学、教育学、心理学、文化学等学科理论为基础，但国际汉语教学除以上学科外，由于汉语国际传播还涉及到外交、项目管理、国别文化等方方面面，因此其理论基础还应该包括管理学、文化人类学、传播学、外交学、社会学、历史学、地理学、统计学、计算机科学与技术等。

从研究内容来看，国际汉语教学比对外汉语教学更宽、更广。传统的对外汉语教学，主要研究中国的汉语教师对到中国来学习汉语的外国留学生的汉语教学相关的各种问题，主要侧重于"汉语语言学、汉语习得理论、汉语教学理论和研究方法学等基础理论和总体设计、教材编写、课堂教学、测试评估、教学管理和教师培养等应用研究。"①但国际汉语教学则不仅要研究上述问题，还要研究汉语国际传播相关的各种问题，如世界各国的汉语需求、本土化教材研发、国别化汉语教师的培养、国别化教学理论与方法、孔子学院管理机制、办学模式、布局、评估体系及个案，汉语教学志愿者项目和外派汉语教师项目相关的标准、程序、大纲、教材、管理机制、文化适应等问题，国别语言政策与汉语传播、国别文化与汉语传播、国别政治经济与汉语传播、地缘政治与汉语传播、国际关系与汉语传播、汉语国际传播史等研究领域。由此可见，国际汉语教学的研究内容主要包括两个部

①刘珣：对外汉语教育学引论，北京语言大学出版社，2001年1月第1版第396页。

分，一是传统的对外汉语教学的研究内容；二是汉语国际传播相关的各种问题。

国际汉语教学主要包括中国国内的对外汉语教学和主要研究汉语走向世界相关问题的汉语国际传播两大组成部分，而国别汉语教学是汉语国际传播的一部分。

国际汉语教学学科建设应该主要抓好以下几个方面：一是学科理论建设，二是学科队伍建设，三是学科人才培养。学科理论建设是最为重要的方面，在继续重视汉语教学研究的同时，要特别重视汉语国际传播理论体系建设和汉语国际传播实践研究，它是国际汉语教学不可或缺的研究领域，可以说，没有汉语国际传播研究，国际汉语教学学科就不完整。因此，开展汉语国际传播研究是国际汉语教学学科建设的需要。目前发表汉语国际传播研究成果的期刊寥寥无几，我们应该努力创办新的专业期刊，或在更多的学术期刊上开辟汉语国际传播研究专栏，以推动这一领域的研究。此外，学科队伍建设是学科建设的另一重要方面。目前研究对外汉语教学的队伍已初具规模，但研究汉语国际传播方面的学者却屈指可数，因此，有必要吸引更多的业内人士参与到汉语国际传播研究的工作中来，力争五到十年内形成一支汉语国际传播研究队伍。人才培养对于一个基础薄弱的学科来说十分重要，除继续加大力度培养对外汉语教学硕士、博士研究生和汉语国际教育专业硕士以外，有必要在硕士和博士层次开设汉语国际传播研究方向，以培养高层次汉语国际传播方面的教学、研究和管理人才，以确保国际汉语教学学科后继有人，并能持续健康地稳步发展。

四、汉语国际传播研究的主要领域

实践需要理论指导，目前汉语国际传播研究严重滞后于汉语国际推广实践。[①]汉语国际传播对于国际汉语教学工作者来说，既是艰巨而光荣的任务，也是难得的机遇。既然时代呼唤理论，我们就有责任、有义务研究汉语国际传播相关的各种问题，让汉语又好又快地走向世界。可以预言，未来很长一个时期内，世界范围的汉语学习需求将持续快速增长并拉动汉语持续快速走向世界。汉语国际传播实践亟需汉语国际传播研究的支撑，汉语国际传播研究将具有广阔的空间。鉴于汉语国际传播蓬勃发展的形势，笔者认为汉语国际传播研究的主要领域应该包括以下几个方面：

一是汉语国际推广战略研究，包括对中国汉语国际推广的总体战略、国别战略、孔子学院布局战略等方面的研究，同时还应包括各国关于自己国家汉语推广战略的研究。汉语国际推广的总体战略应该成为国家战略的重要组成部分，尤其要配合国家的整体外交战略和国际经贸战略，最好有一定的超前性，因此，汉语国际推广战略研究对汉语国际推广实践具有重要指导意义。

二是汉语国际传播国别问题研究，包括国别教育体制、国别语言政策、国别文化与汉语国际传播等相关问题以及国别汉语教学需求研究。汉语国际传播的成功程度，主要体现在汉语进入该国国民教育体系的程度，因此，我们应该加强汉语国际传播与不同国家教育体制相关问题的研究，努力促成汉语教学进入所在国的国民教育体系。汉语国际传播必须与所在国的语言政策和当地

①吴应辉：加强研究，指导实践，让汉语又好又快地走向世界——汉语国际传播笔谈前言，《云南师范大学学报》（对外汉语教学与研究版）2007年第5期。

文化相协调。我们应该把所在国语言政策和文化研究透彻，才能做到知己知彼，顺利传播。各国汉语需求的调查研究对于制定汉语国际传播战略十分重要，我们应该加强各国汉语教学需求的调查研究，定性与定量相结合，为制定长期战略提供科学依据。

三是汉语国际传播体制、机制与科学发展研究。汉语国际传播是新生事物，其管理体制与这项事业的整体可持续发展密切相关，项目的运行机制也直接关系到具体项目的可持续发展，如孔子学院及孔子课堂的发展问题研究，汉语教学志愿者项目、公派汉语教师项目的管理机制研究等，因此，有必要及时研究体制和运行机制面临的新情况和新问题。

四是汉语教学的本土化问题研究。在各国汉语教学中，本土化教材、教师、教学法相关问题的研究制约着日常汉语教学的各个方面。国别语言和文化的不同决定了对汉语教材、教师和教学法的不同要求。随着不同国家汉语需求的增长，本土化汉语教材、教师及相关教学法及教学模式等领域的研究必将成为汉语国际传播研究的重要领域。

五是汉语国际传播与国家软实力建设研究。语言传播对提升国家软实力会起到积极作用，但是，通过什么途径、影响力如何测定等都是十分值得探讨的问题。这一领域的量化研究成果对争取国家对汉语国际传播事业的投入将产生积极作用。

六是汉语国际传播典型个案研究。汉语在世界各国的传播模式各具特色，传播效果有所不同，及时总结不同个案的经验与教训，对其他国家和地区的汉语传播有借鉴意义。

七是汉语国际传播的有关标准研究。标准对一个国家或地区的汉语传播来说十分重要，没有标准，无所适从，要制定标准，就必须科学规范。因此，有必要开展适合不同国家和地区的各种汉语教学相关标准研究，如汉语教师标准、不同阶段的汉语课程标准和汉语能力标准、汉语教学大纲、汉语水平测试等方面的研究。

八是汉语国际传播的项目评估体系研究。项目评估有利于确保项目效益，汉语国际传播项目众多，有必要研发相应的指标体系，用于有关项目的评估，以确保汉语国际传播项目的效益。如孔子学院评估指标体系，志愿者及公派汉语教师的离任考评指标体系等。

九是现代教育技术与汉语国际传播研究。汉语国际传播必须与现代教育技术紧密结合，汉语和中国文化教学的多媒体化已非常普及，中国汉语教学技术产品的本土化、网络汉语教学、广播汉语教学、电视汉语教学等相关课题非常有研究和应用价值，对汉语国际传播将产生巨大的推动作用。

十是汉语国际传播史的研究。据张西平教授的观点，汉语和汉字在域外的传播始于商末周初，①对几千年的汉语国际传播史的研究既具有很好的学术价值，同时将为我们揭开一幅汉语走向世界的历史画卷，将激励更多的汉语教学工作者投身到汉语国际传播事业，并增强其自豪感和使命感。

结　语

汉语走向世界既是中国发展的必然结果，同时也是中国和世界的共同需要。在汉语教学的主要场所已经从中国国内转到世界各地的今天，建立国际汉语教学学科已显得非常迫切。然而，长

①张西平：在世界范围内书写中国学术与文化，《世界主要国家语言推广政策概览》，外语教学与研究出版社，2008年8月版。

期以来，由于汉语教学主要在国内开展，人们的研究主要集中在对外汉语教学领域，甚至相当一部分研究属于汉语本体研究，与目前国际汉语教学需求和汉语国际传播形势存在较大差距。在对外汉语教学时代快速转型为国际汉语教学时代的今天，我们的学科需要与时俱进，更多地研究世界各地汉语教学相关的各种问题，“国际汉语教学”这一名称既能反映汉语走向世界的时代特征，又能涵盖当前和未来相当长一个时期的学科内涵，同时还能为学科发展拓展更广阔的学术空间，且学术界已普遍习惯并广泛使用。我们应该顺应时代的要求，使用“国际汉语教学”这一新的学科名称替代“对外汉语教学”这一传统的学科名称。全面启动国际汉语教学学科建设，加强汉语国际传播研究，推动汉语又好又快地走向世界。

前　言

一、汉语国际推广概念界定

什么是汉语国际推广？这是一个开始课题研究之前必须弄清楚的问题。

"汉语国际推广"已经成为一个行业内外均十分流行的术语，然而究竟什么是"汉语国际推广"，却没有多少人能说得上来。为此，我们在探讨北京市汉语国际推广问题之始，有必要首先弄清楚汉语国际推广的本质，以便瞄准目标，有的放矢。

"汉语国际推广"是指以世界各地的汉语教学和中华文化国际传播为基本内容，以相关教学和文化活动为主要载体，以推动中外文化交流与合作，增进中国与世界各国人民之间的友谊为目标的语言文化国际传播事业。

作为一项事业常被相关机构称为"汉语国际推广"，包括推动汉语走向世界各国的汉语教学和中华文化国际交流活动，既包括国内的，也包括海外的。

但从学科和学术研究的角度看，与其基本对等的学术领域称为"国际汉语教学"，包括"对外汉语教学"和"汉语国际传播"两大部分。"对外汉语教学"通常指在中国境内对外国人进行的汉语和中华文化教学，而"汉语国际传播"则主要指推动汉语和中华文化走向世界的各种相关活动。

二、课题研究的主要内容

“北京市汉语国际推广现状及发展战略调研”是受北京市汉语国际推广中心委托，由中央民族大学国际教育学院承担的一项研究课题。本课题的研究是基于对汉语国际推广的以上理解的基础上展开的。调研目的是为了全面了解北京市各相关学校和机构开展汉语国际推广相关工作的基本情况，为制订北京市汉语国际推广长远工作规划提供依据。

本课题为应用研究课题，调研范围主要包括北京市接收留学生的高校68所、具有招收外籍学生资格的中小学98所（以市基地校为重点），并涉及全国具有招收外国留学生资格的高等学校或其他机构。主要研究方法为文献研究、对比研究和实地调查等。研究内容主要分为两部分：一是北京市汉语国际推广现状调研；二是基于现状基础上的战略研究。前者是后者的基础，而后者则是前者的理论升华和对未来北京汉语国际推广的战略谋划。现状研究部分包括七个专题，涵盖了软硬件、优势分析、存在问题等各个方面；战略研究部分主要包括指导思想、机遇与挑战分析、总体战略构想及具体落实措施等内容，力图站在国家战略高度，以国际化的眼光超前谋划北京市在全球视野下汉语国际推广中的定位和实施方略，以不断提升北京市在汉语国际推广中的引领地位。

三、报告呈现方式

报告书分为三个部分，第一部分为研究内容的浓缩版，主要供时间很少的领导和专家阅读。浓缩版仅保留每一专题研究的主要观点和结论，以及直观图表。第二部分为研究内容的完整报告，供需要全面了解北京市汉语国际推广现状并对未来发展战略感兴趣的领导和专家阅读。包括从每一专题研究中提取的较为详实的数据分析及结论。第三部分为专题报告，供对本课题相关的具体研究内容感兴趣的领导和专家深入研究时参考。该部分是各个专题的详细阐述，主要包括研究对象、研究方法、原始数据、数据分析等。

本课题研究报告虽经课题组多次讨论修改，尚有不少缺点和不足，请领导和专家批评指正。

目　录

北京市汉语国际推广现状及发展战略研究报告（浓缩版）【第一部分】

一、北京市汉语国际推广机构情况……………………………4

二、北京市汉语国际推广研究现状……………………………9

三、北京国际汉语教学相关教材出版情况…………………13

四、北京市汉语国际推广影响力情况………………………15

五、北京市外国留学生留学成本……………………………17

六、北京市中小学汉语国际推广情况………………………20

北京市汉语国际推广现状及发展战略研究报告（浓缩版）【第二部分】

一、指导思想……………………………………………………30

二、机遇与挑战…………………………………………………33

三、总体战略构想………………………………………………43

四、落实措施……………………………………………………49

北京市汉语国际推广现状及发展战略研究报告
（完整版）【第一部分】

一、北京市汉语国际推广机构情况……………………56

二、北京市汉语国际推广研究现状……………………63

三、北京国际汉语教学相关教材出版情况……………68

四、北京市汉语国际推广影响力情况…………………71

五、北京市外国留学生留学成本………………………76

六、北京市中小学汉语国际推广情况…………………80

北京市汉语国际推广现状及发展战略研究报告
（完整版）【第二部分】

一、指导思想……………………………………………92

二、机遇与挑战…………………………………………95

三、总体战略构想………………………………………105

四、落实措施……………………………………………111

北京市汉语国际推广现状及发展战略研究报告（专题报告）

专题一　北京市汉语国际推广机构情况……………………118

专题二　北京市中小学汉语国际推广情况………………126

专题三　北京市汉语国际推广相关研究成果……………171

专题四　北京国际汉语教学相关教材出版情况…………197

专题五　北京市汉语国际推广网站情况…………………202

专题六　北京举办汉语国际推广高层学术会议情况……208

专题七　北京市外国留学生留学成本……………………214

后　记……………………………………………………222

参考文献…………………………………………………224

北京市汉语国际推广现状及发展战略研究报告

Chinese Language Globalization in Beijing

（浓缩版一）

1

第一部分

现状调研部分分别围绕以下主题展开：

一、北京市汉语国际推广机构情况
二、北京市汉语国际推广研究现状
三、北京国际汉语教学相关教材出版情况
四、北京市汉语国际推广影响力情况
五、北京市外国留学生留学成本
六、北京市中小学汉语国际推广情况

本研究结果表明，北京市在汉语国际推广基础条件方面与其他兄弟省、市、区相比具有明显优势，主要体现在专业人员数量、学术论文、著作发表、教材出版及出版机构数量、作为中方合作伙伴承办孔子学院（孔子课堂）的数量、国家汉办汉语国际推广基地数量、召开汉语国际推广相关国际会议数量、在京学习外国留学生数量、汉语国际推广网站的数量与影响力等方面。总之，北京市在汉语国际推广领域基础条件良好，各主要方面均已抢占先机，具有明显优势，但在观念更新、留学成本等方面面临日益严峻的挑战。

一、北京市汉语国际推广机构情况

本课题所调查的汉语国际推广机构主要分为两个部分：一是海外的孔子学院和孔子课堂；二是国内的汉语国际推广基地，含国家汉办基地和北京市基地两类。

（一）孔子学院及孔子课堂

在孔子学院及孔子课堂建设方面，北京已占有明显优势，但尚有很大潜力可挖掘。

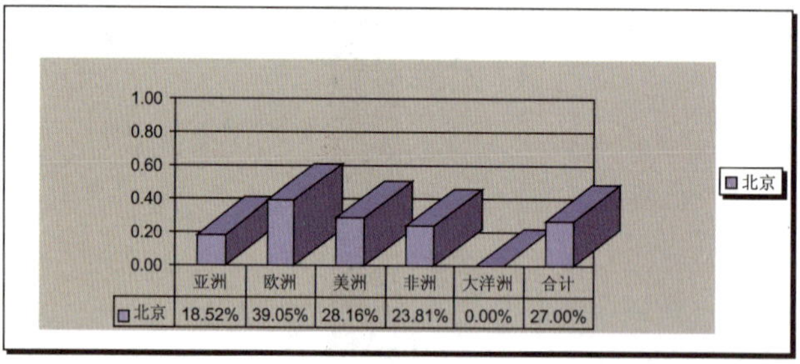

图1—1：北京承办的孔子学院洲际分布比例图

北京市承办的孔子学院目前已达90所，数量最多，约为上海的三倍，占全球孔子学院总数的27%。从孔子学院分布来看，北京承担了欧洲近40%、美洲28.16%的孔子学院建设工作，但在非洲仅5所，在大洋洲尚无一所北京建立的孔子学院，分布并不均衡。以“世界城市”为建设目标的北京，还应兼顾非洲、大洋洲等区域。

在已明确国内合作院校的115个孔子课堂中，与北京中小学合作建设的约占35%，大大高于排在第二的山东（14%）和第三的天津（10%）。与北京市可利用的优质中小学资源相比，目前与北京合办的孔子课堂数量仍十分有限，有很大的发展空间。

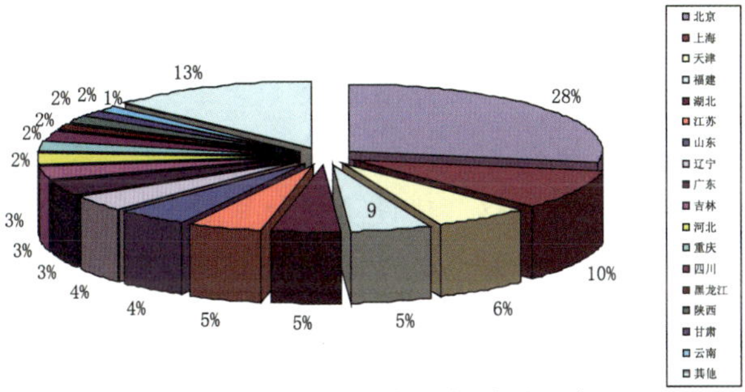

图1—2：孔子学院中方合作单位各省分布图

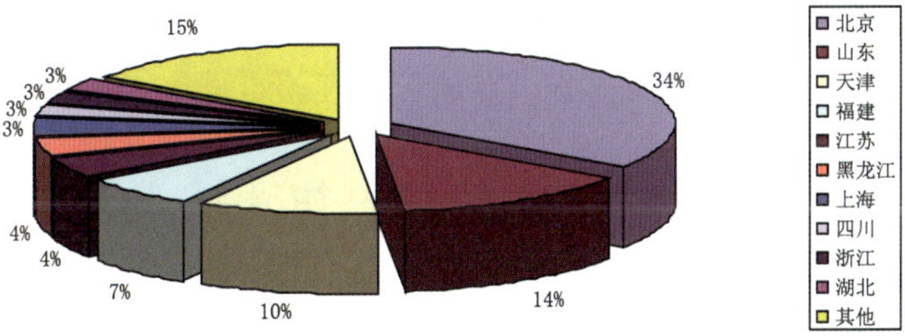

图1—3：北京学校承办孔子课堂统计

表1—1：孔子课堂中方合作单位

省/市/自治区	数量	省/市/自治区	数量	省/市/自治区	数量
北京市	41	山东省	16	天津市	12
福建省	8	江苏省	5	黑龙江	5
上海市	4	四川省	3	浙江省	3
湖北省	3	河北省	2	重庆省	2
山西省	2	云南省	2	江西省	1
湖南省	1	广东省	1	新疆	1
陕西省	1	吉林省	1	河南省	1

（二）基地建设

国家汉办在全国高校范围内设立了19个汉语国际推广基地，其中北京市设有6个，在所有省、市、自治区基地中数量最多。北京市在高校基地建设方面起步较早（第一批共8个，北京占4个），但后续发展速度相对缓慢。数量虽多，但优势尚未充分挖掘，建议北京市可以在有实力的高校（含中央高校）设北京市汉语国际推广基地。汉办设立的中小学基地中，北京市在全国107个基地中有11个，仅占7%，建设亟待加强。

为了进一步提升北京市中小学国际汉语教学水平，增进国际汉语教学优势学校间的交流，北京市教委在辖区的高校及中小学中共设立了30个汉语国际推广基地。这一举措表明，北京市在汉语国际推广基地建设方面积极主动，走在全国前列，具有相当的战略高度，值得全国其他省、自治区和直辖市借鉴。

表1－2　国家汉办中小学汉语推广基地

省/市/自治区	数量	省/市/自治区	数量	省/市/自治区	数量
北京市	11	上海市	8	云南省	8
江苏省	6	福建省	6	山东省	6
辽宁省	5	重庆市	5	浙江省	4
黑龙江省	4	湖北省	4	陕西省	4
河北省	4	四川省	4	吉林省	3
天津市	3	内蒙古	3	江西省	3
新疆	3	河南省	3	湖南省	3
山西省	2	安徽省	2	海南省	1
广西	1	甘肃省	1		

表1－3　国家汉办高校汉语推广基地

序号	所在地	基地所在单位	基地名称
1	北京	中国人民大学	中国人民大学汉语国际推广研究所
2	北京	北京师范大学	北京师范大学汉语国际推广新师资培养基地
3	北京	北京大学	北京大学国际汉学家研修基地
4	北京	北京外国语大学	北京外国语大学汉语国际推广多语种基地
5	北京	北京语言大学	北京语言大学国际汉语教学研究基地
6	北京	对外经济贸易大学	国际商务汉语教学与资源开发基地
7	山东	山东大学	山东大学中华传统文化研究与体验基地
8	福建	厦门大学	厦门大学汉语国际推广南方基地
9	上海	华东师范大学	华东师范大学国际汉语教师研修基地
10	上海	上海财经大学	国际商务汉语教学与资源开发基地
11	河南	河南教育厅	汉语国际推广少林武术基汉语国际推广少林武术基地
12	新疆	新疆维吾尔自治区	教育厅汉语国际推广中亚基地
13	湖北	武汉大学	武汉大学汉语国际推广教学资源研究与开发基地
14	天津	南开大学	南开大学跨文化交流研究与培训基地
15	广东	中山大学	中山大学国际汉语教材研发与培训基地
16	海南	海南师范大学	海南师范大学东南亚汉语推广师资培训基地
17	辽宁	大连外国语学院	汉语国际推广多语种大连基地
18	东北地区	吉林大学、黑龙江大学	汉语国际推广东北基地
19	湖南	湖南省人民政府办公厅 湖南省教育厅 湖南省广播电视台	国际汉语传播湖南基地

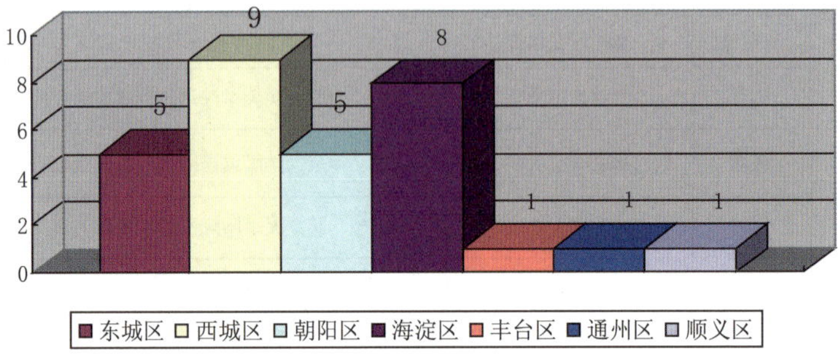

图1－3：北京市各区汉语国际推广基地统计

二、北京市汉语国际推广研究现状

（一）北京市汉语国际教学相关论文发表概况

从论文发表的总体情况来看，汉语国际推广（传播）研究刚刚起步，各方面的研究都还比较薄弱，专题性的研究尤显不足，如与孔子学院及孔子课堂相关的论文只有338篇，而以海外汉语教学的本土化为研究主题的仅52篇。

作为全国留学生最为集中的两个城市之一，北京在国际汉语教学相关论文的发文量上明显领先于上海。从2001年1月到2010年12月底，在中国知网收录的汉语教学类论文中，北京发文量排名靠前的10所高校的总发文量是上海的2.4倍。北京10所高校的平均发文量为91.7篇，大大高于上海的平均数38.2篇。发文量在100篇以上的大学，北京有3所，而上海仅有1所，即华东师范大学，且其发表论文的篇数还不及北京第二位的北京师范大学。

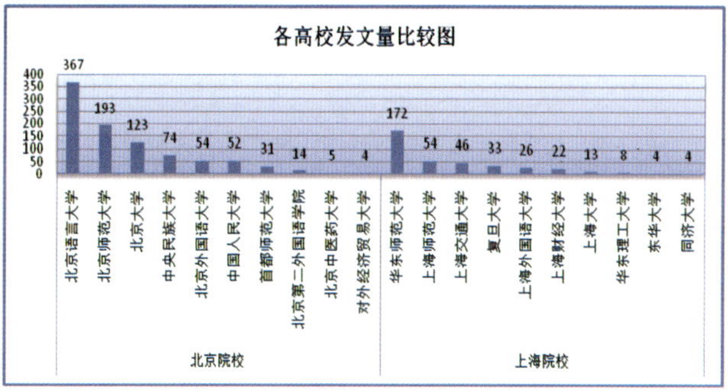

图2—1：北京和上海高校发文量对比

浓缩版（1）

（二）北京市汉语国际推广专业研究人员

数据显示，北京高校在汉语国际推广专业研究人员①的数量上，在全国占有绝对优势。北京高校中的汉语国际推广专业研究人员数量是上海的2.65倍，其中，北京语言大学共有专业研究人员77人，在北京10所大学中占的份额达到44%，且超过了上海10所高校的合计人数。专业研究人员超过10人的大学，在北京十所高校中有6所，而在上海却仅有1所。

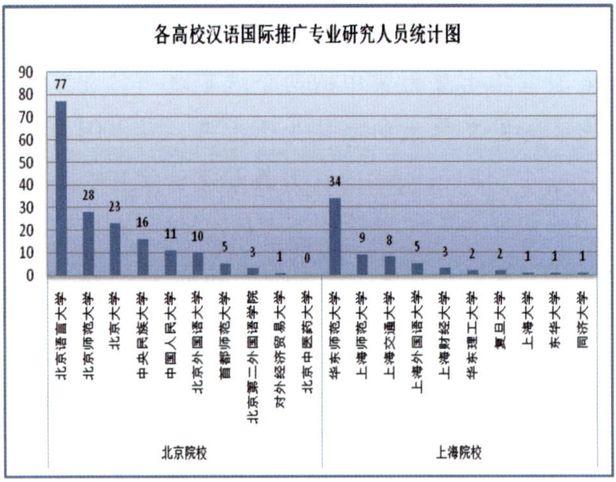

图2—2：北京和上海高校汉语国际推广专业人员数量对比

（三）国际汉语教学类著作出版情况

北京市国际汉语教学类著作无论从累计出版量、出版量增长情况还是在出版社实力方面，均在全国范围内具有明显优势。

①课题组对“汉语国际推广专业研究人员”的定义为：在相关研究领域公开发表两篇以上学术论文的人士。

截至2010年6月，此类著作累计共出版了301部，其中北京出版此类著作218部，占总数的72%，上海出版39部，仅占总数的13%。其他地区共出版44部。在累计出版量超过10部的7家出版社中，北京市有5家，其出版此类著作的数量占到全国出版总量的59.80%；北京市以外的有2家，则只占到了全国出版总量的10.89%。

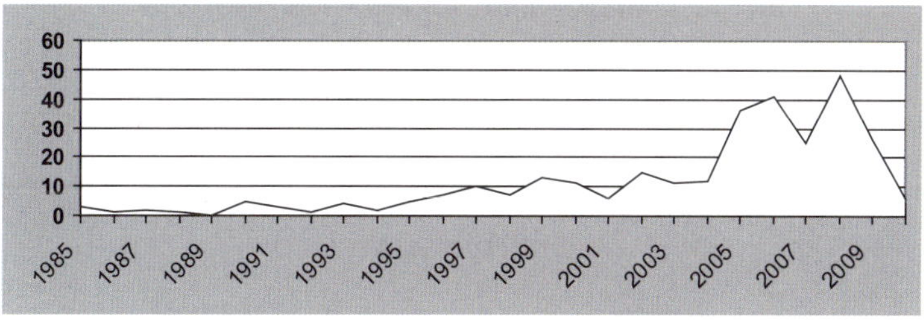

图2—4：1985年1月至2010年6月，全国国际汉语教学类著作年出版量

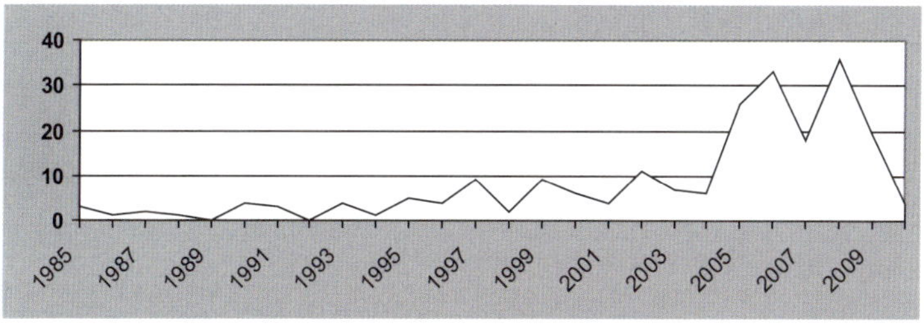

图2—5：1985年1月至2010年6月，北京市国际汉语教学类著作年出版量

浓缩版（1）

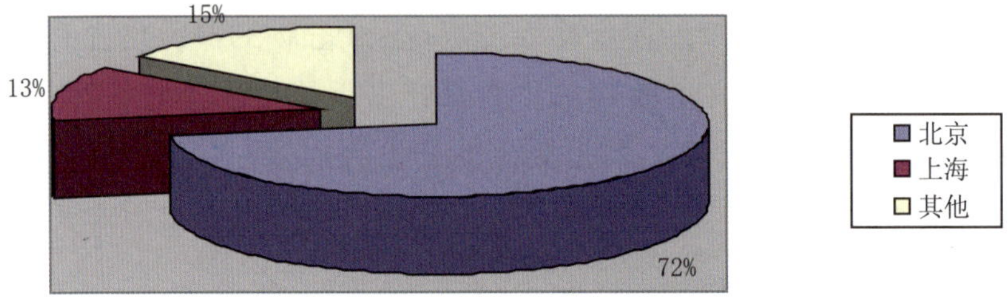

图2—6：各地区累计出版国际汉语教学类著作数量之比

表2-1　累计出版国际汉语教学类著作超过10部的出版社及其出版量

出版社分组计数	
出版社	累计出版量
北京语言大学出版社[①]（北京）	59
外语教学与研究出版社（北京）	41
北京大学出版社（北京）	38
商务印书馆（北京）	32
学林出版社（上海）	12
华东师范大学出版社（上海）	10
中国社会科学出版社（北京）	10
总计	202

①2002年更为此名，前身可追溯到1996年的北京语言文化大学出版社以及1964年的北京语言学院出版社，在本次调查中将三者出版的此类专著进行了合并，共同计入北京语言大学出版社的出版数量。

三、北京国际汉语教学相关教材出版情况

与全国其他地区相比，北京市出版国际汉语教学相关教材的数量最大，系统性强，处于绝对优势地位。北京市各出版社共出版系列教材52套，占全国总数的81%，单本教材206种，占全国总数的90%。全国向海外发行的中文教材共有72种，其中北京市出版了70种。全国共出版专门用途教材30种，其中北京市出版了28种。但有针对性的“本土化”教材为数甚少，远不能满足日渐增长的市场需求。此外，现有课堂用教材中语言技能类教材占绝大多数，而商务、法律、历史等其他专门用途类的教材数量很少，无法满足汉语学习者多元化的学习需求。因此，北京的出版机构应大力发展海外本土化教材及专门用途教材的编写、出版及使用推广。

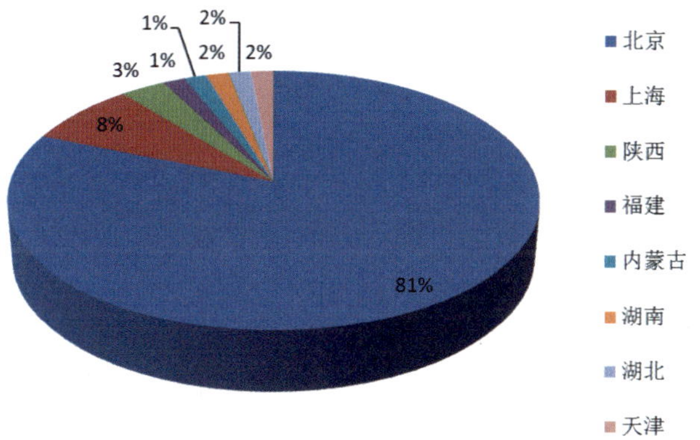

图3—1：全国各省市系列教材出版情况

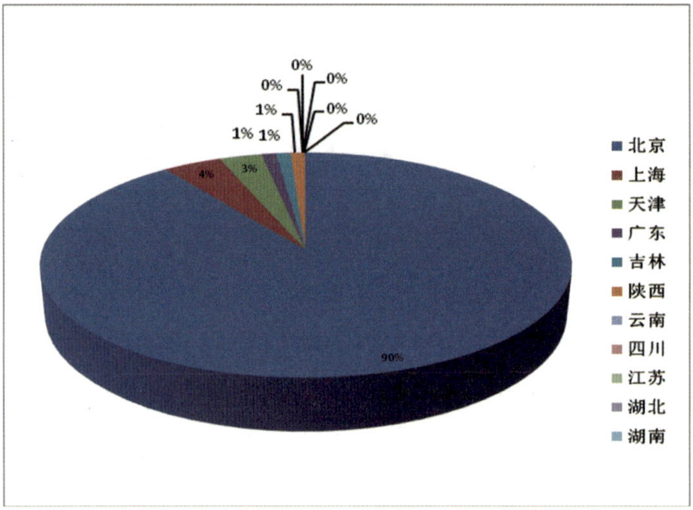

图3－2：全国各省市单本教材出版情况

四、北京市汉语国际推广影响力情况

（一）汉语国际推广网站情况

全国汉语国际推广的专业性网站不多，共19家。北京市汉语推广网站在数量上占绝对优势。全国84%的汉语国际推广网站都在北京，远远超出位居第二的上海，在汉语国际推广网站的建设中抢占了先机。但也应该看到，网站目前的数量和质量远不能适应汉语国际推广事业迅猛发展的需求。

大部分网站的规模还相当小，网站浏览量也很小。多数网站在教学版块的建设上仍十分薄弱，尤其是“在线课堂”，仅一半左右的网站设有“在线课堂”。远程汉语教学辐射面广，不受时间空间限制，节省成本，是网络的独特优势。因此利用在线课堂发挥这种优势，吸引更多的海外汉语学习者，是汉语国际推广网站建设的当务之急。

68.4%的网站注重界面的语种建设，网站的多语种建设尚显不足。大部分网站只具备基本的中英双语界面。应提倡网站的多语种建设，体现“世界城市”特色。

（二）北京举办汉语国际推广高层学术会议情况

北京是汉语国际推广高层学术会议的举办中心，自1985年到2010年先后举办过23次相关的高层会议，占全国此类会议总数的57%，其中包括2005年7月在北京召开的具有划时代意义的首届世界汉语大会。近年来，此类会议在北京的举办频次不断增加，2007年之前基本上是一年一次，2007年突增到5次，之后保持每年召开3-4个研讨会的频次。会议规模多样化，在北京召开的汉语国际推广高层会议，既有参会人数在400-1 000以上的大型会议，也有就某一关键问题进行深入研讨、参会人数介于20-110人的小型会议。议题内容逐渐从关注对外汉语教学转向了汉语国际推广。近两年，北京此类高层学术会议关注的焦点是汉语国际推广面临的前所未有的新机遇和挑战、如何改革才能推动汉语国际化发展、国际汉语教学学科建设等问题。汉语推广已完全放在全球背景下进行考察。但此类会议仍以官方和半官方组织的居多，纯民间组织的会议较少。应进一步大力支持和鼓励高校及其他研究机构举办汉语国际推广相关的学术会议，使之继续发挥汉语国际推广的重要平台作用。

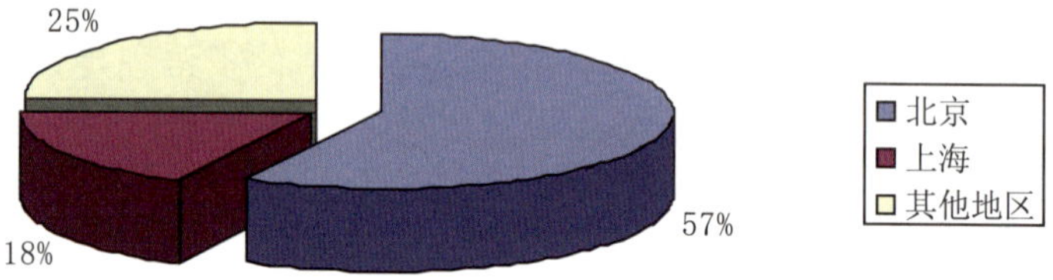

图4—1：全国汉语国际推广高层学术会议分布比例图

五、北京市外国留学生留学成本

无论是学费、住宿费还是其他生活成本，外国留学生在北京市的留学成本均相对较高。

北京和上海两地，在非学历及各层次学历留学生的学费标准上，均是全国最高的。全国非学历留学生年平均学费仅为16 332元/学年，而上海以27 507元/学年位列全国之首，北京以24 442元/学年紧随其后。北京各层次学历留学生的年平均学费都高出全国平均水平将近一倍。北京是年平均住宿费最高的4个省市之一，全国平均年住宿费为9 883元/年，而北京却高达15 798元/年，同时北京、上海和深圳一样，属于全国生活成本最高的城市之一，远远高出全国平均水平。

根据中国政府奖学金标准，以文科类学生为例，扣除学生每月生活费后，各个级别学生所剩奖学金金额分别是：本科生为每年10 400元，硕士研究生为每年16 800元，博士研究生为每年21 200元。如果与北京市自费学历留学生的年均学费和住宿费对照，就会发现，中国政府奖学金的金额在发放学生每月生活费之后，所剩部分只够支付学历留学生的学费或住宿费，招收享受中国政府奖学金的留学生的高校其实都在或多或少地用自己的经费对留学生进行补贴，因而导致北京市高校招收享受国家奖学金的留学生的积极性受挫。这种情况在国家汉办近两年设立的外国汉语国际教育硕士奖学金项目中也存在。

北京市的留学生学费在近几年内未大幅上涨，一直保持平稳，而北京市生活成本与物价快速上升，下调的可能性不太大。所以北京市在留学成本这个方面与全国其他省市相比明显处于劣势。

表5—1：年平均学费超过20 000元/学年的4省市

1上海	27 057元/学年
2北京	24 442元/学年
3天津	21 680元/学年
4江苏	20 403元/学年

表5—2：年平均学费低于15 000元/学年的11省市

1内蒙古	14 888元/学年	7安徽	12 933元/学年
2四川	14 070元/学年	8新疆	12 750元/学年
3甘肃	14 062元/学年	9广西	11 870元/学年
4黑龙江	14 000元/学年	10河南	11 175元/学年
5青海	14 000元/学年	11宁夏	10 000元/学年
6福建	13 780元/学年		

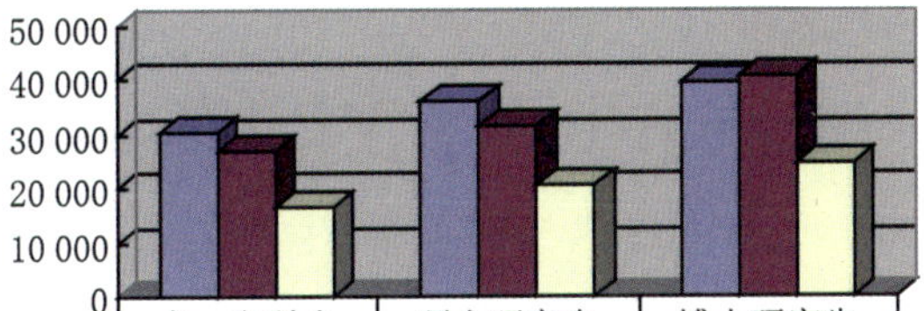

	本、专科生	硕士研究生	博士研究生
北京	30 612	36 161	39 858
上海	27 083	31 680	40 832
全国平均	16 763	20 680	24 847

图5-1 北京、上海与全国学历留学生年平均学费柱形图

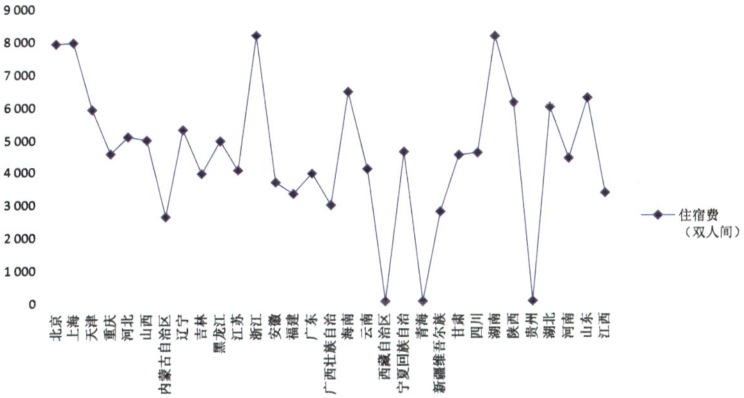

图5－2：全国各省市留学生年平均住宿费（双人间床位）情况图

表5－3： 月生活成本需高于4 000元/月的7省市

以北京5 000元/月为基准			
上海	5 350元	浙江杭州	4 980元
深圳	5 280元	江苏苏州	4 300元
广州	4 750元	福建厦门	4 100元

六、北京市中小学汉语国际推广情况

（一）外籍学生招收情况

1．招生概况

累计招收外籍学生人数最多的为北京芳草地国际学校，该校自2002年获得招生资格以来已累计招收了4 758名外籍学生，同时该校也是在读外籍生最多的学校，为744人。累计招收外籍学生最少的是北京市黄庄职业高中，2004年至今仅累计招收了4名外籍学生，2011年上半年在读外籍学生仅1名。60%的学校外籍生累计招生数量在500名以下，其中有12所中学在2004年底前就获得了招收外籍生资格。

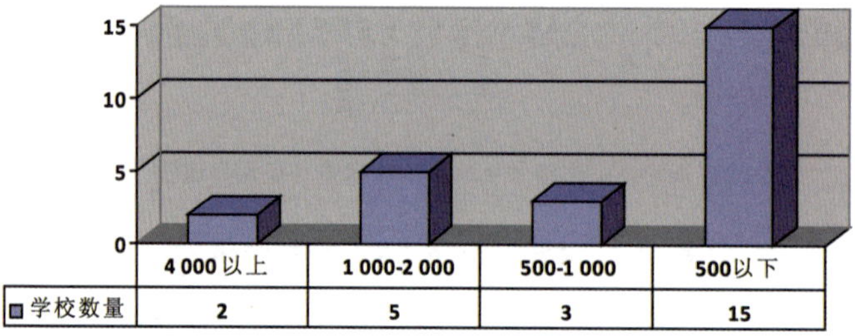

图6—1：北京市25所中小学累计招收外籍学生人数区间及学校数量分布图

在读外籍学生人数在100人以上的学校仅有5所，依次为芳草地国际学校、第八十中学、第四中学、北师大第二附中和日坛中学。除十五中2011年因宿舍整修未招收留学生外，在读外籍生人数在

15人以下的也有5所，分别是十二中12人，中关村一小11人，天通苑中山实验学校10人，时代中学5人，黄庄职业高中1人。

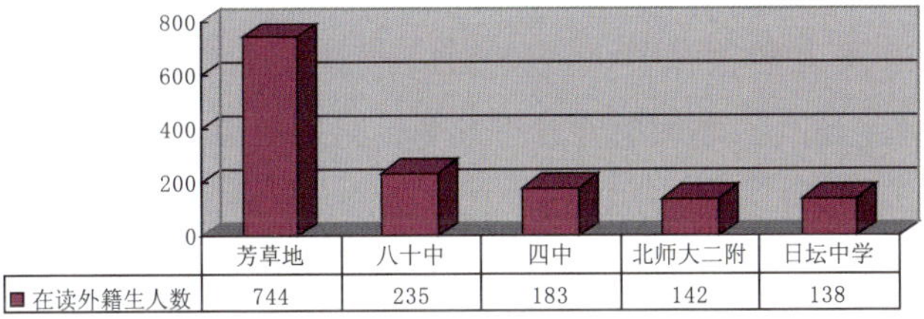

图6—2：北京市25所中小学中在读外籍学生人数排名前五的学校

2．生源情况

各校自获得招收外籍学生资格以来，累计招收的亚洲生源数量最多，总数达到了11 501人，占总数的86.4%；北美洲学生数量虽然位居第二，但还不及亚洲学生总数的十分之一，仅占总数的8%。从学生类别来看，有8所学校不招收语言生，外籍中小学生的汉语培训并非重点。中小学外籍学历生总数占全部外籍学生人数的91.5%，语言生则仅占8.5%。

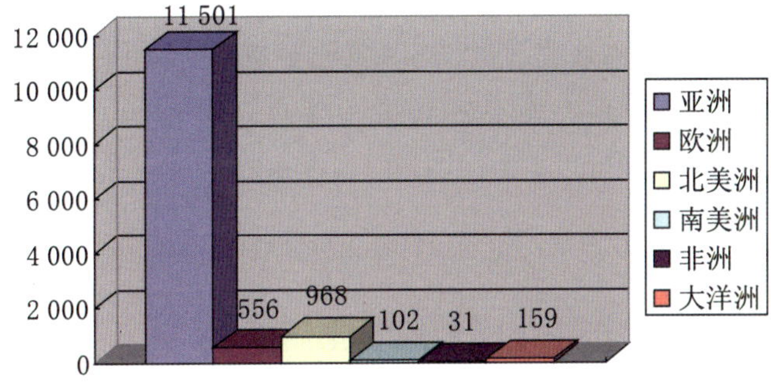

图6—3：北京市中小学外籍学生各大洲生源分布图

3. 就读相关规定

北京市中小学对外籍学生并无统一的入学要求，各个学校标准不一，不过基本侧重于标准化语言水平测试成绩、学历证书、成绩单以及入学考试等几个方面。外籍生人数最多的芳草地国际学校对外籍学生入学的条件放得最宽，只需年龄在6-12岁之间即可。

表6-1 北京市中小学入学要求简表

入学要求 学历证书	语言水平 成绩单	学历证书 入学考试	语言水平学 历证书	成绩单	入学考试
学校数量	9所	15所	7所	3所	5所

北京市中小学外籍学生的学费标准各校差异也较大，最高的是怀柔一中，为5万元/学年，最低的是芳草地国际学校，仅3 000元/学年。大部分学校收费均在1万元/学年以上。

4. 软硬件配套设施情况

从软硬件配套设施的整体情况来看，北京市中小学在接收外籍学生方面还大有潜力可挖。从外籍学生的在读人数来看，绝大部分学校的教室都非常宽裕，50%以上的学校平均每班的外籍生人数低于10人，最高的为23.5人/班（第八十中学）。83%的学校提供住宿，床位平均利用率仅为49%，空床位较多。74%的学校设有网络教学平台。

（二）北京市中小学外籍学生满意度

整体而言，外籍学生的满意度较高，不过在教材的趣味性、课堂教学的难易度和住宿及教学环境等方面，部分学校还有待改善。调查对象对教材趣味性的满意度较低，甚至有两所学校（第十二中学和第八十中学）的学生对教材趣味性表示不满意。有一所学校（黄庄职业高中）的外籍学生对学校课堂教学难易度表示不满意。有一所学校（第十五中学）的外籍生对学校的教学环境表示不满意。

表6－2：北京市中小学外籍生教材满意度分类统计表

	很满意	满意	基本满意	不满意	很不满意
教材难易度	7所	18所	4所	–	–
教材趣味性	2所	9所	16所	2所	–
教材实用性	6所	16所	7所	–	–

表6－3：北京市中小学外籍生课堂教学满意度分类统计表

	很满意	满意	基本满意	不满意	很不满意
课题教学难易度	6所	18所	4所	1所	–
课堂教学实用性	9所	14所	6所	–	–

表6－4：北京市中小学外籍学生对教师满意度分类统计表

	很满意	满意	基本满意	不满意	很不满意
教师教学态度	16所	12所	–	–	–
教师教学水平	10所	18所	–	–	–
教师教学内容	4所	23所	1所	–	–

表6—5：北京市中小学住宿、签证及教学环境满意度分析表

	很满意	满意	基本满意	不满意	很不满意
住宿	8	5	10	–	–
签证办理	14	11	2	–	–
教学环境	9	14	4	1	–

（三）北京市中小学对外汉语师资概况

北京市中小学对外汉语师资队伍专业化程度还较低。学历构成以本科为主，占总数的82.41%，具有硕士学历的不足1/6。大专及大专以下学历的人数较少，博士研究生学历的人数还不到1%。专业背景为对外汉语的教师仅占到总数的13.75%，中文专业出身的教师最多，占总数的32.17%，而其他专业背景的教师却占到了总数的27.04%。青年教师（39岁以下）居多。

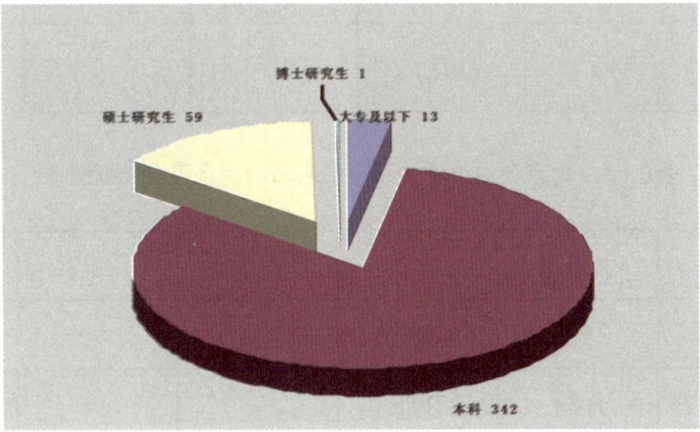

图6—4：北京市21所中小学对外汉语教师学历构成图

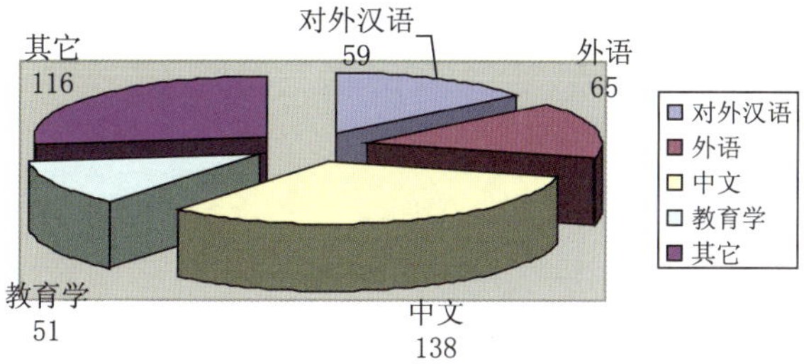

图6—5：北京市22所中小学对外汉语教师专业构成图

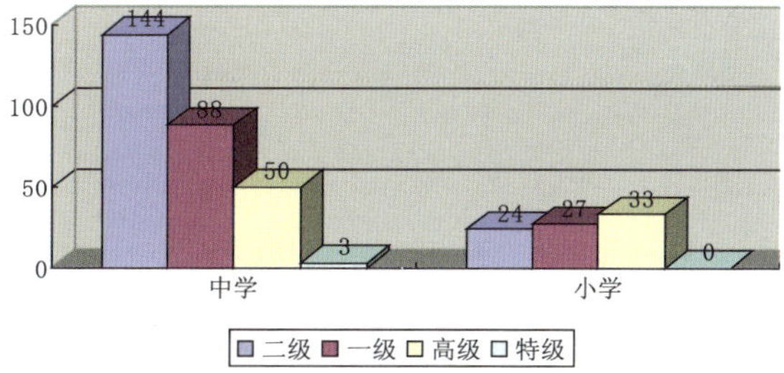

图6—6：北京市19所中小学对外汉语教师职称情况图

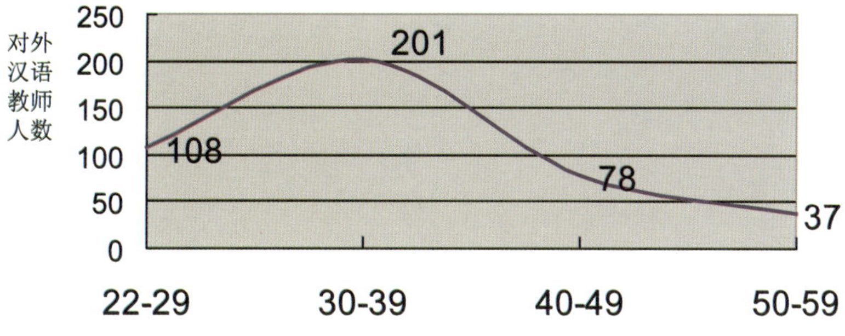

图6—7：北京市22所中小学教师年龄段分布图

北京市汉语国际推广现状及发展战略研究报告

Chinese Language Globalization in Beijing

（浓缩版二）

2

第二部分

现状调研部分分别围绕以下主题展开：

一、指导思想
二、机遇与挑战
三、总体战略构想
四、落实措施

北京市已确立建设“世界城市”的战略目标，因此，我们应该从建设世界城市的高度来审视北京汉语国际推广工作，制订出能充分发挥北京优势，着眼长期可持续发展，服务世界城市目标的北京汉语国际推广战略。

世界城市是国际城市的高端形态，是聚集世界高端企业和高端人才的城市，是国际活动的主办地和对全球的政治、经济、文化等方面具有重要影响力的城市。建设世界城市，要大力实施“人文北京、科技北京、绿色北京”发展战略。那么，世界城市与汉语国际传播有哪些关联性呢？

一、指导思想

（一）把汉语国际推广纳入“世界城市”战略

北京市已确立建设“世界城市”的战略目标，因此，我们应该从建设世界城市的高度来审视北京汉语国际推广工作，制订出能充分发挥北京优势，着眼长期可持续发展，服务世界城市目标的北京汉语国际推广战略。

世界城市是国际城市的高端形态，是聚集世界高端企业和高端人才的城市，是国际活动的主办地和对全球的政治、经济、文化等方面具有重要影响力的城市。建设世界城市，要大力实施“人文北京、科技北京、绿色北京”发展战略。那么，世界城市与汉语国际传播有哪些关联性呢？

第一、汉语国际推广可以提升北京的国际公认度。

“世界城市不是自封的，而是公认的，是需要有社会认可度和国际公认度的。提升国际公认度的前提是要有国际知名度、美誉度、满意度等。”①汉语国际推广可以通过把汉语和中国文化（含北京文化）传播到世界各地，提高北京的国际知名度和美誉度。

第二、汉语国际推广可以提升北京的国际影响力，间接促进北京与世界各国的经济文化交流。

世界城市既然是国际城市的高端形态，首先必须是国际城市，通过汉语国际推广可以搭建北京与世界各国合作交流的桥梁

①刘淇：北京为什么要建世界城市？2010年7月22日人民网：http://politics.people.com.cn/GB/1026/12214239.html。

②连玉明：世界城市，北京的选择。2010年5月13日人民网：http://world.people.com.cn/GB/57507/115847020.html。

和纽带，与世界各国人民广交朋友，增进理解，建立友谊，提升北京的国际影响力，间接促进北京与世界各国的经济文化交流。

第三、汉语国际推广有助于丰富人文北京的建设内容并牵动北京人文走向世界。

“建设世界城市，不是简单地模仿复制已有世界城市的形态和发展路径，而是要按照科学发展观的要求，大力实施‘人文北京、科技北京、绿色北京’发展战略，在提高全球影响力的同时凸显中国特色、首都特点。”[①]汉语国际推广在向世界推介中国特色和北京特点方面具有独特优势。在全球兴起汉语热的今天，人们要学习的所谓“汉语”，其实就是普通话，而普通话的定义里就明确了以北京语音为标准音，因此，北京自然而然地成了世界各国人士学习汉语的最理想的目的地城市。但是，并非所有的外国人都知道这一点，通过汉语国际推广，可以进一步凸显北京的这一独特优势，并将其最大化地加以利用。与此同时，通过汉语国际推广，也可以把北京文化（包括传统文化和当代文明）传播到世界各地，有助于让世界人民更好地了解人文北京，增强北京对各国人民的吸引力。此外，以汉语国际传播需求带动北京国际汉语教学学科建设及相关文化产业建设，丰富人文北京内涵。

（二）把汉语国际推广作为提高首都教育国际化水平的重要途径

汉语国际推广向外传播的虽然主要是汉语和中国文化，但是与外方合作建立孔子学院、孔子课堂等多种汉语国际推广项目的

①刘淇：北京为什么要建世界城市？2010年7月22日人民网，http://Polifics.People.com.cn/GB/1026/12214239.html。

合作往往带来中外校际合作关系的建立，而校际合作交流关系的建立，往往为更广泛的合作交流搭建了平台，催生更多的校际合作交流项目。因此，大力开展汉语国际推广，可以促进首都教育国际化水平的提高。

（三）以汉语国际推广为载体，提高北京人民的跨文化交流能力和国际化意识

建设世界城市，人的因素是最重要的因素，市民的跨文化交流能力和国际化意识将直接或间接影响世界城市建设的宏伟目标。汉语国际推广既包括“走出去”向世界各国人民传播汉语和中国文化，也包括世界各国人民“走进来”学习汉语和中国文化。如能充分发挥北京在汉语国际推广中的独特优势，做到外国人的“大进”与中国人的“大出”并举，将大大增加北京市民国际交流的机会，提高跨文化交流能力和国际化意识。

二、机遇与挑战

（一）机遇

机遇一：汉语国际传播迎来了千载难逢的大好机遇

纵观中华历史，汉语和中华文化向外传播的历史机遇并不多，唐宋和明清可算中华语言文化对外传播较好的时期。目前中国综合国力迅速上升，汉语和中华文化国际传播迎来了千载难逢的大好机遇。2010年中国GDP总量超过日本，成为全球第二大经济体。中国经济实力的增强会间接影响学习汉语人数。“目前，全球学习汉语的人数已经超过了4 000万，初步实现了从单纯的外国人单向进来学汉语，向汉语加快‘走出去’，走向世界的转变。”①

美国著名民意调查机构——皮尤公众与媒体研究中心（Pew Research Center）于2011年1月13日公布了一项最新的民调结果，47％的美国人认为中国是世界头号经济强国，仅31％的受访者认为美国仍是世界最大的经济体。②尽管这并非事实，但反映了美国民众对中国的印象，甚至可能也反映了许多国家民众对中国的印象。虽然这是错误的印象，但它会激发人们对中国的兴趣，甚至影响人们的职业生涯规划。据说，美国纽约的很多富人家庭已开始聘请家庭汉语教师给自己学龄前的孩子在家里教授汉语，因为他们坚信21世纪的中国将成为最为发达的国家，要让孩子在未来的职业生涯中抢占先机，应该在学习语言的最佳年龄段教他

①刘延东：提高质量 内涵发展 开创孔子学院科学发展新局面，在全国孔子学院工作会上的讲话，2010年12月7日。

②PewResearchCenter Publications: Friend or Foe? How Americans See China （by Andrew Kohut, President, Pew Research Center,Special to The Wall Street Journal,January 13, 2011）. http://pewresearch.org/pubs/1857/kohut-how-americans-see-china-friend-or-foe 原文：Public interest in China is not just academic. A large majority correctly identifies China as the country that holds the most American debt. Growing numbers of Americans also see China - incorrectly - as the world's leading economic power. Pew Research's latest survey finds 47% of respondents citing China as the world's top economic power, and only 31% correctly citing the U.S. In early 2008, the balance of opinion was the opposite: 41% named the U.S., while 30% named China.

们学习汉语。事实上，这种现象不仅在美国，在各大洲的许多国家都出现了。汉语热已经开始在全球出现。

机遇二：汉语国际推广已成为国家战略，中央领导高度重视

汉语国际推广越来越受到国家重视，已成为我国“走出去”战略、“人文外交”战略、“大外宣”战略和“软实力建设”战略的重要组成部分。

中央领导高度重视汉语国际推广工作。早在2005年9月，胡锦涛总书记就作出重要批示：“汉语加快走向世界是件大好事。”5年来，胡锦涛、温家宝、李长春、习近平等中央政治局常委做出批示65次，特别是胡锦涛总书记多次在党的重要会议上做出明确指示。2008年党的十七届三中全会上，总书记提出要稳步推进孔子学院建设，促进汉语推广。2009年在第十一次驻外使节工作会议上指出，要加强孔子学院建设，积极开展公共外交和人文外交。今年（2010）十七届五中全会，在总结“十一五”期间工作时指出，加强外宣工作，孔子学院建设取得新进展。中央政治局常委出席孔子学院的活动5年来有87次，其中总书记亲自出席的有27次。

中央领导同志的指示精神概括起来有以下几点：一是指出汉语加快走向世界是件大好事；二是强调要抓住全球“汉语热”这一契机，从战略的高度加以谋划。指出汉语国际推广是长期的战略任务，不是权宜之计。要把汉语国际推广作为提升我国文化软实力的重要渠道；三是强调孔子学院力求开办一所就确保办好一所；四是指出要拓展孔子学院的文化传播功能；五是加强调查研究，总结完善和借鉴国外先进经验。[①]

机遇三：中央财政投入快速增长，北京市投入逐年增加

过去五年中，中央财政投入到汉语国际推广中的经费持续增长，累计达到56亿元[②]，为汉语国际推广事业提供了重要的财力保障。仅2011年中央财政对汉语国际推广的投入就达17亿。北京市财政也每年投入数千万元用于支持开展汉语国际推广工作。

机遇四：北京发展战略与汉语国际推广高度契合[③]

北京市发展战略中的“世界城市”建设目标与汉语国际推广高度契合。“世界城市”又称“全球城市”（Global city），是指在社会、经济、文化或政治层面直接影响全球事务的城市。世界城市是城市发展的高级阶段，是城市的高端形态，通常具有一个结点、两大功能、三个特征。

一个结点是指，现代意义上的世界城市是全球经济系统的中枢或世界城市网络体系中的组织结点。

两个功能是指，对全球政治经济文化具有控制力与影响力。这是世界城市的两个核心功能。控制力是“硬实力”，影响力是“软实力”。软实力是一国文化、制度与意识形态的吸引力和说服力。从本质上讲，世界城市是全球战略性资源、战略性产业和战略性通道的控制中心，是世界文明融合与交流的多元文化中心，也是城市硬实力与软实力的统一体。

三个特征是指，一是具有雄厚的经济实力；二是具有巨大的国际高端资源流量与交易；三是具有全球影响力。影响力是软实

①参考刘延东：提高质量、内涵发展，开创孔子学院科学发展新局面（在全国孔子学院工作会上的讲话，2010年12月7日），国家汉办印发。

②财政部张少春副部长在第一次全国孔子学院工作会议上的发言中发布的数据，2010年12月7日。

③主要参阅百度百科“全球城市”词条写成，网址：http://baike.baidu.com/view。

力的外在表现，是引领时代潮流的主导力量。世界城市的影响力既有文化和舆论的力量，也有组织和制度的力量。主要表现为城市综合创新体系，国际交往能力，文化软实力和全球化的治理结构。

从以上关于世界城市的界定来看，北京要成为名副其实的世界城市，国际影响力必不可少，且目前北京市的国际影响力还有大力提升的必要。而汉语国际推广正是提升国际影响力的重要途径，北京市通过大力开展汉语国际推广可以使北京市与世界各国的联系更加紧密，而且可以通过汉语的“走出去”带动世界城市多种要素的“走进来”。

（二）主要挑战

以上是北京市汉语国际推广工作加快发展的重要机遇，但要确保快速发展也必须勇敢面对如下挑战：

挑战一：观念亟待更新

1. 对汉语国际推广的认识不到位

对外汉语教学是汉语国际推广的组成部分，但还不完全是汉语国际推广。对外汉语教学的重点是“引进来”，而汉语国际推广的重点是“走出去”。北京市汉语国际推广的成绩主要看北京对世界各地的汉语教学（国际汉语教学）和中华文化国际传播做出多大的贡献。相关领导和所有从业者均应深刻领会从对外汉语教学向汉语国际推广的六大转变：

（1）发展战略从对外汉语教学向全方位的汉语国际推广转

变；

（2）工作重心从将外国人‘请进来’学汉语向汉语加快‘走出去’转变；

（3）推广理念从专业汉语教学向大众化、普及型、应用型转变；

（4）推广机制从教育系统内推进向系统内外、政府民间、国内国外共同推进转变；

（5）推广模式从政府行政主导为主向政府推动的市场运作转变：

（6）教学方法从纸制教材面授为主向充分利用现代信息技术、多媒体网络教学为主转变。

然而，很多人的观念还停留在对外汉语教学阶段，很难适应汉语国际推广发展的需要，这是北京市汉语国际推广工作面临的第一挑战。

2. 国际教育的产业经营理念尚未树立①

在美国、英国、澳大利亚、加拿大等国，高等教育作为一项产业，已经毫无争议。国际教育作为高等教育的重要组成部分，作为一项产业来经营在国外一些国家已经做得非常成功。据报道，美国2004—2005学年，外国留学生在美国总消费为186亿美元，如果减去美国大学、政府等方面的资助57.3亿美元，再加上留学生配偶和孩子在美国消费的4.2亿美元，外国留学生对美国经济贡献净值约为132.9亿美元。

中国加入WTO已经七年了，根据WTO的有关条款，教育也是一种产业，在国际贸易中，教育是服务贸易中的重要组成部分。

①本部分引自吴应辉：北京市加快发展留学生教育的战略选择，《中国高教研究》2009年第3期。

“据澳大利亚教育国际开发署（IDP Education Australia）预测，2025年，全球留学生人次数将达到760万人次。日本曾提出到2025年日本接收30万外国留学生计划”[①]那么，中国能从这个大蛋糕中切到多大的份额，既需要看中国综合国力和中国教育主管部门的统筹规划情况，同时也在很大成度上取决于我们外国留学生教育从业者的努力。我们必须首先坚定地建立一个国际接轨的理念，国际教育就是一种产业，我们必须把国际教育作为产业来经营，才能实现长期可持续发展。反之，其发展将受到严重制约。

对于汉语国际推广，我们认为，应该从讲政治的高度来认识，但要以产业经营的理念来指导实践，不能唯利是图，但也不能亏本经营，要追求长期可持续发展。国际汉语教学的产业化经营有助于变“输血”为“造血”，推动汉语国际推广事业的长期可持续发展。

挑战二：传统的优势学科“对外汉语教学”已不适应汉语国际推广新形势，“国际汉语教学”学科建设尚未引起重视。

对外汉语教学正快速向汉语国际推广转变，对外汉语教学学科也应该与时俱进，转型为国际汉语教学学科。

自20世纪80年代对外汉语教学学科建立以来，我国对外汉语教学学科取得了快速发展，已形成一套自己的理论体系、研究方法，推出了大批研究成果，建立起了本科、硕士和博士三个层次人才培养的完整体系，为中国的对外汉语教学事业做出了应有的贡献。2003年国家汉办推出的“汉语桥工程”开始实施，对外汉语教学开始向国际汉语教学转型。2005年7月在北京举办的首届世界汉语大会实为汉语国际推广的首次动员大会，来自五大洲66个

①中国侨网2月22日报道。

国家的300多位代表出席了这次大会。此次大会之后，汉语国际推广工作进入了高速发展阶段。“六大转变”的推出，更加快了传统的对外汉语教学向国际汉语教学的转型。①

目前的汉语教学除了我国国内的对外汉语教学之外，还有100多个国家都在开展汉语教学。据教育部公布的数据，2008年共有来自189个国家和地区的223 499名各类来华留学人员，与世界各国学习汉语人数相比，仅占不足1%(0.56%，按全世界4 000万人学汉语的数字计算)。我国2008年派出的汉语教学志愿者和汉语教师达3 000多人，但他们只占世界各国汉语教师极小的一部分。这些数据已经充分说明，汉语教学的主体不在国内而在国外。国际汉语教学时代已经到来。因此，我们有必要在传统的对外汉语教学学科的基础上扩充改造，形成与汉语国际传播形势相适应、更有利于学科发展的国际汉语教学学科。对外汉语教学的内涵是“对外国人的汉语教学”，隐含着“老师是中国人，中国老师教外国学生”之意。但进入国际汉语教学时代，当千千万万的外国人就在自己的国度学习汉语的时候，教授他们汉语的老师可能绝大多数都是本国人，对外汉语教学这一名称在中国以外的其他国家就显得不太合适。作为一个学科，其内涵已发生了巨大变化，甚至已变化到原有的学科名称不能涵盖的程度，因此，非常有必要用“国际汉语教学”替代“对外汉语教学”。这样，国际汉语教学学科就能很好地涵盖国际汉语教学时代的学科内涵发展需要。尽管形式上对外汉语教学这一名称的使用仍然居主导地位，但现实中对外汉语教学学科已进入了国际汉语教学学科时代。从这个意义上讲，国际汉语教学这一能够充分反映此变化的新的学

①主要引自吴应辉：国际汉语教学学科建设及汉语国际传播研究探讨，《语言文字应用》2010年第3期38页，部分地方有改写。

科名称替代“对外汉语教学”这一传统学科名称实属必然。[①]中央民族大学率先启动了国际汉语教学学科建设工作，明确将国际汉语教学确定为重点培育学科，每年投入50万元建设经费加以建设，目前在队伍建设、科学研究和人才培养几个方面均取得了一些进展。

我国的对外汉语教学学科起源于北京，发展壮大也主要在北京，但在对外汉语教学时代正在悄悄地让位于汉语国际推广事业相适应的国际汉语教学时代之时，对外汉语教学已经渐渐落伍了，这一北京市占有绝对优势的学科面临着重大选择，要么脱胎换骨，举起国际汉语教学的大旗，引领国际汉语教学的时代潮流，将对外汉语教学优势转化为国际汉语教学优势，让北京继续引领这个崭新的国际汉语教学学科；要么固守对外汉语教学这一仅为国际汉语教学的一个组成部分的分支学科，将国际汉语教学的引领地位拱手让给其他省、市、区。如何选择，这是北京市面临的一个新的挑战。

挑战三：全市汉语国际推广资源需要整合

北京市汉语国际推广资源相对分散，往往属于某校或某机构，缺乏超越单位的组织领导机构和整合机制。如人力资源，尤其是专家资源和高级研发人员往往孤身作战，难以形成团队合力；汉推经费不仅数量偏少，而且分得太散，主要用于留学生奖学金和短期来华项目资助，不能集中财力办大事。

挑战四：大发展需要大投入

北京市的汉语国际传播事业应该与北京的地位和优势尤其是汉语教学优势相匹配，需要谋划一些能影响全球汉语国际传播事

①吴应辉：国际汉语教学学科建设及汉语国际传播研究探讨，《语言文字应用》2010年第3期。

业的大手笔项目，要谋划大项目就需要大投入，而是否能争取到大的投入是北京市汉语国际推广面临的又一挑战。

挑战五：高留学成本制约来北京留学人员数量、规模快速发展

如前面现状部分所述，外国留学生在北京的留学成本包括学费、住宿费、日常生活费在全国均居前三位，其中学费一项，非学历生学费居第二位，每学年学费24 442元，仅次于上海每学年27 057元，而全国年平均学费仅为每学年16 332元。每学年20 000元以上的只有4个省（自治区），低于每学年15 000元的却有11个之多，其中以宁夏最低，每学年仅10 000元。

北京的外国留学生本科生学费和硕士生学费，均居全国第一位。来北京攻读本、专科的留学生平均每年要比去上海的多交3 529元学费，而攻读硕士学位的留学生则每年平均要多交4 481元学费。博士生的平均学费居第二位，每学年39 858元，仅略低于上海的每学年40 832元。

北京外国留学生的住宿费平均为每学年15 798元①，仅次于上海的每学年15 836元，居第二位，而全国平均住宿费仅为每学年9 883元。

就全部生活成本而言，北京、上海和深圳在同一个水平上，属于全国生活成本最高的三个城市，远远高出全国平均水平。

2010年，北京市接受外国留学生人数约为8万人，接近全国留学生人数的30%，但一直没有达到30%。这一比例在过去五年中一直没有明显变化。根据教育部制订的留学中国计划，到2020年来华留学生要达到50万人，北京市能否充分发挥自身的独特优

①按每学年实际学习时间9个月计算。

势，争取使留学生人数达到全国的50%，即2020年北京市的来华留学生达到25万人，是一个非常宏伟的目标，同时也是一个严峻的挑战。如果北京市来华留学生人数能每年递增13.50%，这一目标就能实现。当前，北京市面对的最大挑战就是北京市的高留学成本和教学、生活硬件条件的不足。

三、总体战略构想

北京市汉语国际推广的总体战略目标可定位为：把北京建设成为我国向世界各国传播汉语和中国文化的主要支撑城市。其支撑作用可概括为三个基地、一个目的地和一个产业群。

三个基地是指，把北京建设成为全球最重要的汉语国际传播理论创新基地，全球最著名的国际汉语师资和汉学家的培养基地和全球最著名的国际汉语教材和教辅产品研发基地。一个目的地是指，把北京建设成为来华学习汉语的最理想、容量最大的目的地城市；一个产业群是指，加大投入，在北京孵化培育出以国际汉语教学为核心的新兴国际教育产业群。

（一）把北京建设成为全球最重要的汉语国际传播理论创新基地

汉语国际传播实践呼唤理论的指导，而现实是汉语国际传播的实践已经走在了理论的前面，很大程度上是“摸着石头过河”。然而，随着汉语国际传播事业的不断向前发展，不可能永远停留在此阶段。汉语国际传播事业要实现科学发展，必须有正确、超前性的理论作指导。理论创新需要一批能站在学科前沿扎实开展研究的学者去完成。北京市与其他省（自治区、直辖市）相比，在高端人才方面具有绝对优势，我们应该积极创造条件，充分利用这些优势在汉语国际传播理论创新方面有所作为。

在继续鼓励和支持北京有关高校开展理论研究的同时，建议整合北京各高校现有人才，成立一个跨校研究机构——北京汉语国际传播研究院，由北京市资助，统筹组织协调，确定一批汉语国际推广的重点研究领域，如“汉语国际传播方略”、“汉语国际传播国别问题”、“汉语国际传播体制、机制与科学发展”、“汉语教学的本土化问题”、“国际汉语教学理论与实践”、“国际汉语师资”、“汉语国际传播与经济社会发展”、“汉语国际传播典型个案”、“汉语国际传播标准”、“汉语国际传播项目”、“汉语国际传播中的文化问题”、“现代教育技术与汉语国际传播”和“汉语国际传播史”等领域开展前沿性学术研究，以引领汉语国际推广学术研究的走向，并为汉语国际传播实践提供理论参考。

（二）把北京市建设成为全球最著名的国际汉语师资和汉学家的培养基地

国际汉语师资需求与学习汉语人数成正相关关系。随着中国国力的进一步增强，未来相当长一段时间内世界各国学习汉语的人数将持续快速增长，这就意味着世界各国对汉语教师的需求也将持续快速增长。据本课题组估计，目前全球每年新增汉语教师需求至少上万名，今后相当长一段时间这种需求还会紧随中国国力的增强而快速增加。

北京市在满足国际汉语师资需求方面应该扮演怎样的角色

呢？北京市有8所院校设有汉语国际教育硕士专业学位点，7所院校在语言学及应用语言学、课程与教学论等专业设有对外汉语教学方向，6所院校在语言学及应用语言学专业对外汉语教学或汉语国际传播方向培养博士生，在汉语教学相关本科、硕士、博士学位点或研究方向上遥遥领先于其他省（自治区、直辖市）。在国家汉办所设的19个汉语国际推广基地中，北京市有6个，占全国汉语国际推广基地的31.6%。本课题组认为，北京市应该充分发挥国际汉语教师人才培养的已有优势，做大做强国际汉语师资培养培训事业。要树立品牌意识，在培养质量和特色方面下功夫，为世界不同的国家和地区量身定制，培养出具有国别针对性的高质量汉语师资。既要招收中国学生进行培养，使其成为外向型的国际汉语教师，也要招收世界各国学生到北京高校培养，使其成为通晓汉语和中国文化，具有良好教学技能的本土化汉语教师。

此外，北京名校云集，学科齐全，要积极鼓励各校招收有志于学习研究中国的各国青年学子，努力培养大批未来的汉学家。

（三）把北京市建设成为全球最著名的国际汉语教材和教辅产品研发基地

汉语国际推广面临的主要问题是“三教问题”，即教师、教材和教学法问题。由于世界各国国情不同、语言文化各异，目前严重缺乏适合各国学习者的本土化汉语教材。本土化教材的研发不仅可以解决世界各国汉语教学的燃眉之急，而且是一项极具商业开发潜力的产业。因为随着中国国力的进一步增强，未来相当长一段时间世界各国学习汉语人数将持续快速增长，与国际汉语教学相关的学术和应用产品的需求将日益增加。北京市在相关产业方面有明显优势，以出版业为例，北京市的汉语教材出版单位达18家，占全国36家的一半，出版汉语教材总数占全国的81%，优势十分明显。因此，北京应该充分利用汉语教学专家和汉语教学出版业优势，在教材和教辅产品的研发方面勇敢地担当起引领者的角色，有计划有组织地全面开展国际汉语教学和教辅产品研发，引领国际汉语教学新潮流，提升北京汉语国际推广知名度，并为国际汉语教学产品及相关产业的发展提供智力支撑。

（四）把北京建设成为来华学习汉语的最理想、容量最大的目的地城市

北京的普通话环境、具有良好专业素养且数量充足的大批潜在汉语教学师资，首都的优越地位及丰富多彩的传统文化和现代文明，对外国人极具吸引力。绝大多数想到中国学习汉语的外国人都会把北京作为理想中首选的学习目的地城市。然而北京市大力发展国际教育主要存在两个方面的问题：

1. 北京市接待外国留学生的相关硬件条件迫切需要扩容

制约北京市外国留学生快速发展的一个主要障碍是硬件条件的严重短缺，住宿条件的短缺尤为突出。课题组调查中发现，北京市各高校的留学生公寓均处于饱和状态，如果不提前数月订房，即使是二三十人的外国留学生小团也难以在校内安排住宿。一般高校的外国留学生校外住宿率均在50%左右，许多留学生均为

校内无房可住才不得不在校外租房居住。课题组认为，相当一部分原本想到北京学习而最终到其他省、市、区学习的留学生，主要是因为北京高校留学生宿舍紧张，而校外租房不仅不方便而且房租昂贵而不得不选择其他省市区。因此，对留学生住宿的大幅扩容将带来北京市外国留学生的大幅增长。

2. 政策滞后，应尽快建立有利于外国留学生快速发展的宽松的政策环境①

北京市以前制订的有关外国留学生管理的规定在规范外国留学生教育方面起到了很好的作用，但是，任何政策都会有时代局限，需要与时俱进地不断加以修改、补充和完善。北京市要实现外国留学生快速增长必须解放思想，加大改革力度，走既具有中国特色，又能国际接轨的外国留学生教育之路。理念决定政策，如果我们承认国际教育是一种产业，那么，我们前些年制订的政策中的一些明显滞后的内容就应该及时修订。比如修订《北京市关于外国留学生工作的若干规定》（以下简称"北京市规定"②）中不利于外国留学生教育快速发展的有关条款。

总之，要使北京市留学生实现快速增长，我们还需要营造更具有鼓励性、更宽松的政策环境。如既能大幅改善留学生服务的相关硬件条件又能营造宽松的留学生政策环境，把北京建设成为最理想、容量最大的留学生目的地城市的目标在不远的将来完全可以实现。

①吴应辉：北京市加快发展留学生教育的战略选择，《中国高教研究》2009年第3期。

②北京市教育委员会网站：http://www.bjedu.gov.cn/2007bjedu/2378473453104660480/20070927/54109.shtml。

（五）在北京孵化培育出以国际汉语教学为核心的新兴国际教育产业群

理念决定实践，实践贯彻理念。先进的理念对实践产生引领作用，落后的理念则对实践产生阻碍作用。教育应不应该作为一项产业来经营，目前在国内是一个充满争议的问题，孰是孰非有待时间检验。

“新东方”作为一个以英语培训为主业的教育集团在北京诞生，在北京成长，最后在美国成功上市，成为一个国内外知名的外语教育产业集团。那么，在汉语热日益兴起的今天，同样在北京，是否有可能孵化培育出以国际汉语教学为核心的新兴国际教育产业群呢？课题组认为，不仅可能，而且是朝阳产业，前景十分广阔。国际汉语教学相关的招生宣传、教学、后勤服务、教材出版、教辅产品开发以及相关的商业运营完全可以形成一个国际教育产业群。年产值达到1亿元人民币应该完全可能。

四、落实措施

（一）政策配套，营造宽松的政策环境，创新体制机制

真正落实行政许可法，取消外国留学生招生审批制度，变审批为备案，只要是依法设立的学校均允许招收外国留学生。转变政府职能，从审批转为监管和服务。组建外国留学生教育行业协会，将行业内部管理事务交由行业协会负责，把政府从行业事务中解放出来。这一政策如能推出，将对北京市外国留学生规模的快速增长产生巨大的推动作用。但可能带来的问题是恶性竞争，以及部分学校可能管理不到位。但此类问题可以通过市场选择、行业约束和政府监管等途径解决。

（二）集中投入办大事：创办一所大学和一个研究院："北京国际汉语大学"和"汉语国际传播研究院"

近年来，北京市积极配合国家汉语国际推广战略，每年拨出数千万元资金用于外国留学生奖学金和支持汉语国际推广项目，这充分体现了北京市对汉语国际推广事业的重视。但课题组认为，北京市可以集中力量加大投入办几件大事。为满足世界各国学生到北京学习汉语和中国文化，建议兴办一所市属的大学"北京国际汉语大学"或"北京孔子学院"。这所大学应该办成硬件设施一流、教学及服务一流、专门从事国际汉语教学的一所专业

性大学。学历与非学历教育并举，每年接受长短期各国学生2万人以上。这所大学可以由政府财政投入建成一所市属大学，也可以走市场化融资渠道，建成一所股份制民办大学，靠市场化经营解决其生存发展问题。这所大学将具有接收来华留学生并对其开展汉语教学功能，同时还兼有北京市作为世界各国开展汉语教学的后援基地的功能，在师资、教材研发等方面为北京市汉语国际推广提供强有力的支撑，成为北京市汉语国际推广的龙头学校。

此外，为进一步提升北京市在汉语国际推广领域的引领作用，确保北京市在国际汉语教学领域的领先地位，建议整合北京市现有各高校（包括市属高校和部属高校）的专家资源，成立"北京市汉语国际传播研究院"，每年由北京市投入经费在汉语国际推广相关领域开展原创性研究和应用产品研发。该研究院不仅可以为北京市汉语国际推广提供决策参考，还可为汉语国际推广相关的出版等产业源源不断地提供研发支持。总之，应该把这个研究院建成中国汉语国际推广的智库。

（三）全面建设国际汉语教学学科，夯实发展基础、增强发展后劲

学科是人才培养、科学研究和服务社会的基础，没有学科支撑，以上三个功能难以实现。在汉语国际推广事业蓬勃发展的今天，与之相适应的学科建设没有跟上其快速发展的脚步。传统的对外汉语教学学科重点关注来华留学生汉语教学相关的教学和研究问题，但在很大程度上没有看到汉语教学的主体在世界各地这

一现实，以致于相关的学科建设工作均明显滞后于实践。

基于以上现实，建议支持北京条件较好的学校开展国际汉语教学学科建设，夯实发展基础、增强发展后劲，为北京的汉语国际推广事业构筑坚实的学科支撑。为引起各高校重视，建议在北京市重点学科建设计划中列入新兴的“国际汉语教学”，以引领本市国际汉语教学学科建设的相关工作。

（四）成批建设经济适用国际学生公寓，降低北京留学成本，吸引更多国际学生到北京留学

北京留学成本居高不下，严重制约了北京来华留学事业的快速发展。据本课题组的调查，北京各高校接受外国留学生所需硬件资源普遍短缺，主要表现在住宿条件严重不足、教学条件不论在量的方面还是质的方面都不能满足实际需要。因此，建议北京市拨出专项经费支持各高校利用自有土地成批建设经济适用的国际学生公寓，为留学生提供经济舒适的生活条件，以降低北京留学成本，吸引更多的国际学生到北京学习。如能实施这一设想，北京市外国留学生增长的空间将十分广阔。此举将为首都的世界城市建设营造更浓郁的国际化氛围。

北京市汉语国际推广现状及发展战略研究报告

Chinese Language Globalization in Beijing

（完整版一）

3

第一部分

现状调研部分分别围绕以下主题展开：

一、北京市汉语国际推广机构情况
二、北京市汉语国际推广研究现状
三、北京国际汉语教学相关教材出版情况
四、北京市汉语国际推广影响力情况
五、北京市外国留学生留学成本
六、北京市中小学汉语国际推广情况

本课题所调查的汉语国际推广机构主要分两部分：一是海外的孔子学院和孔子课堂；

二是国内的汉语国际推广基地，基地又分为设在高校和设在中小学两个层次。

一、北京市汉语国际推广机构情况

本课题所调查的汉语国际推广机构主要分为两个部分：一是海外的孔子学院和孔子课堂；二是国内的汉语国际推广基地，基地又分为设在高校和设在中小学两个层次。

（一）孔子学院及孔子课堂

1. 孔子学院

据课题组统计，以北京为中方合作单位的孔子学院共90所，占全球孔子学院总数的27%，欧洲41所，美洲29所，亚洲15所，非洲5所。北京市在各洲承办的孔子学院占各洲孔子学院总数的比例如图1-1所示，在欧洲所占比例最大，北京包揽将近40%的孔子学院建设工作，在美洲也有28.16%的孔子学院是由北京一地承办的，不过在大洋洲则还没有一所北京建立的孔子学院，在非洲也仅有5所，分布并不均衡。

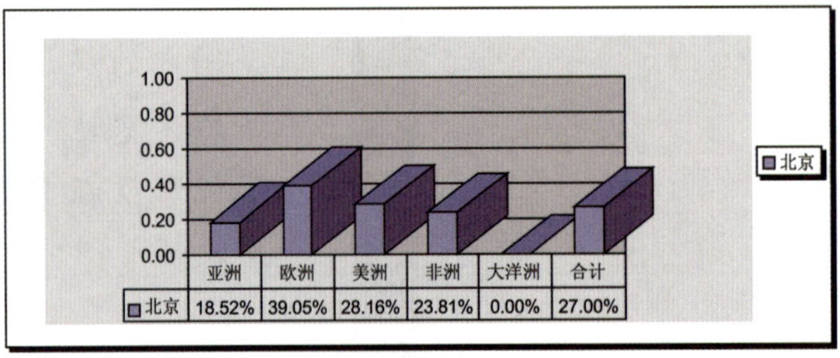

图1—1：北京承办的孔子学院洲际分布比例图

从合作单位在国内各省市的分布来看，合作单位在北京的孔子学院约占到了全国孔子学院总数的1/3。从绝对数量上来看，北京市承办的孔子学院数量最多，约为上海的三倍。

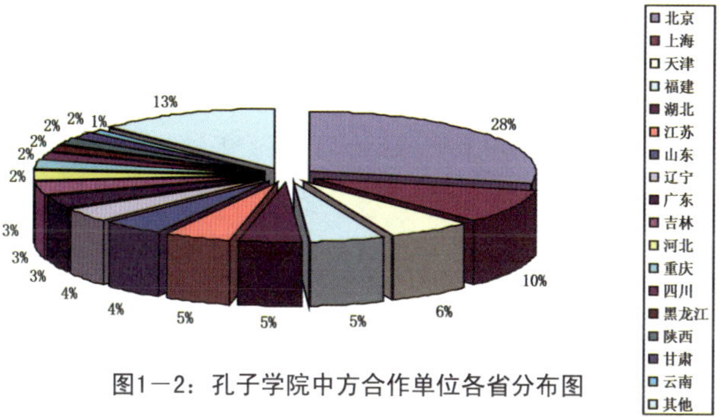

图1—2：孔子学院中方合作单位各省分布图

2. 孔子课堂

如下图1-3所示，在已明确国内合作院校的115个孔子课堂中，与北京中小学合作开设的约占35%，大大高于排在第二的山东（14%）和第三的天津（10%）。

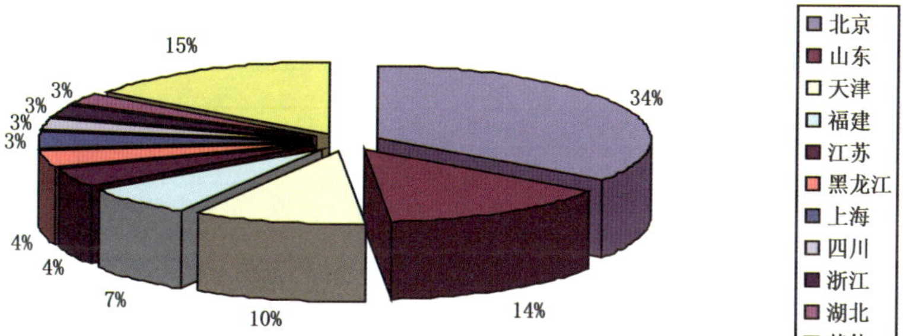

图1—3：北京学校承办孔子课堂统计

3. 结论与思考

在孔子学院及课堂建设方面，北京已经占有明显优势，尚有

完整版（1）

很大的潜力可以挖掘。国外大学一般都愿意跟北京的高校合作。北京有的高校已经与国外合作建立了十几所孔子学院，但也有的高校一所都没有建。从孔子学院分布来看，以北京高校为合作单位的孔子学院主要分布在欧美和亚洲国家，以“世界城市”为建设目标的北京，还应兼顾非洲、大洋洲等区域。

与北京市可利用的优质中小学资源相比，目前与北京合办的孔子课堂数量十分有限，尚有很大的发展空间。建议北京政府鼓励中小学与国外中小学合作建设孔子课堂，并对合作建设孔子课堂的中小学给予政策和资金上的支持与帮助。

表1－1：北京和上海孔子学院统计

序号	高校名称	数量	高校名称	数量
1	北京语言大学	18	复旦大学	8
2	北京外国语大学	16	华东师范大学	6
3	中国人民大学	11	上海交通大学	5
4	北京大学	11	上海大学	4
5	北京师范大学	5	同济大学	3
6	对外经济贸易大学	5	上海外国语大学	3
7	首都师范大学	5	上海对外贸易大学	1
8	北京第二外国语大学	4	上海师范大学	1
9	国家汉办	3		
10	中国传媒大学	2		
11	北京交通大学	1		
12	北京体育大学	1		
13	清华大学	1		
14	中央广播电视大学	1		
15	中国戏曲学院	1		
16	北京联合大学	1		
17	北京航空航天大学	1		
18	北京工业大学	1		
19	北京理工大学	1		
20	华北电力大学	1		

表1—2：孔子课堂中方合作单位

省/市/自治区	数量	省/市/自治区	数量	省/市/自治区	数量
北京市	41	山东省	16	天津市	12
福建省	8	江苏省	5	黑龙江	5
上海市	4	四川省	3	浙江省	3
湖北省	3	河北省	2	重庆省	2
山西省	2	云南省	2	江西省	1
湖南省	1	广东省	1	新疆	1
陕西省	1	吉林省	1	河南省	1

（二）基地建设

1. 国家汉办高校基地

国家汉办在全国高校范围内设立了19个汉语国际推广基地，其中北京市设有6个，在所有省、市、自治区基地中数量最多。北京的6个基地各具特色，有着不同的性质和功能，且为汉语国际推广最核心或极具应用性的领域，包括教材及教学法、新师资培养、多语种、汉学家研修、商务汉语教学与资源开发及汉语国际推广研究等。

表1—3：国家汉办高校汉语推广基地

序号	所在地	基地所在单位	基地名称
1	北京	中国人民大学	中国人民大学汉语国际推广研究所
2	北京	北京师范大学	北京师范大学汉语国际推广新师资培养基地

序号	所在地	基地所在单位	基地名称
3	北京	北京大学	北京大学国际汉学家研修基地
4	北京	北京外国语大学	北京外国语大学汉语国际推广多语种基地
5	北京	北京语言大学	北京语言大学国际汉语教学研究基地
6	北京	对外经济贸易大学	国际商务汉语教学与资源开发基地
7	山东	山东大学	山东大学中华传统文化研究与体验基地
8	福建	厦门大学	厦门大学汉语国际推广南方基地
9	上海	华东师范大学	华东师范大学国际汉语教师研修基地
10	上海	上海财经大学	国际商务汉语教学与资源开发基地
11	河南	河南教育厅	汉语国际推广少林武术基汉语国际推广少林武术基地
12	新疆	新疆维吾尔自治区	教育厅汉语国际推广中亚基地
13	湖北	武汉大学	武汉大学汉语国际推广教学资源研究与开发基地
14	天津	南开大学	南开大学跨文化交流研究与培训基地
15	广东	中山大学	中山大学国际汉语教材研发与培训基地
16	海南	海南师范大学	海南师范大学东南亚汉语推广师资培训基地
17	辽宁	大连外国语学院	汉语国际推广多语种大连基地

序号	所在地	基地所在单位	基地名称
18	东北地区	吉林大学、黑龙江大学 辽宁大学、延边大学	汉语国际推广东北基地
19	湖南	湖南省人民政府办公厅、 湖南省教育厅、 湖南省广播电视台	国际汉语传播湖南基地

2. 国家汉办中小学基地

截至2010年国家汉办在全国共设有汉语国际推广中小学基地共161所，其中以北京市的基地数量为最多，共设有11所。

表1—4：国家汉办中小学汉语推广基地

省/市/自治区	数量	省/市/自治区	数量	省/市/自治区	数量
北京市	11	上海市	8	云南省	8
江苏省	6	福建省	6	山东省	6
辽宁省	5	重庆市	5	浙江省	4
黑龙江省	4	湖北省	4	陕西省	4
河北省	4	四川省	4	吉林省	3
天津市	3	内蒙古	3	江西省	3
新疆	3	河南省	3	湖南省	3
山西省	2	安徽省	2	海南省	1
广西	1	甘肃省	1		

3. 北京市自设基地

为了进一步提升北京市中小学国际汉语教学水平，增进国际汉语教学优势学校间的交流，北京市教委在辖区的高校及中小学中共设立了30个汉语国际推广基地。各基地积极承办国家和北京市汉语国际推广项目，与国外学校合作举办孔子课堂，参与向国外派出汉语教师和志愿者、对外汉语课程开发与建设、接受汉语国际教育专业学生实习、接受外国师生来校学习汉语、举办外国学生夏（冬）令营等活动。其分布如图1－3所示：

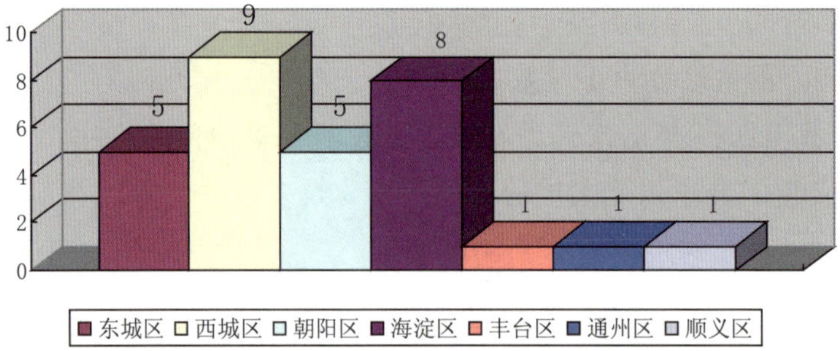

图1－3：北京市各区汉语国际推广基地统计

4. 结论与思考

北京自设30个汉语国际推广基地的举措表明，北京市在汉语国际推广基地建设方面积极主动，走在全国前列，具有相当的战略高度，值得全国其他省、自治区和直辖市借鉴。

北京市在高校基地建设方面起步较早（第一批共8个，北京占4个），但后续发展速度相对缓慢，数量虽多（全国19个，北京占6个），但优势尚未充分挖掘，建议北京市可以在有实力的高校（含中央高校）设北京市汉语国际推广基地。汉办设立的中小学基地中，北京市在全国107个基地中有11个，仅占7%，建设亟待加强。

二、北京市汉语国际推广研究现状

（一）北京市汉语国际教学相关论文发表概况

从论文发表的总体情况来看，汉语国际推广（传播）研究才刚刚开始，各方面的研究都还比较薄弱，专题性的研究尤显不足，如孔子学院及孔子课堂、海外汉语教学的师资、教材及本土化等问题专题性研究还很少。

北京和上海是全国留学生最为集中的两个城市，课题组将这两个城市的汉语国际推广（传播）研究相关论文发表情况进行对比研究后发现，北京在发文量上明显领先于上海。

北京国际汉语教学相关论文发文量的前10所高校，其总发文量是上海的2.4倍。北京10所高校的平均发文量为91.7篇，大大高于上海的平均数38.2篇。发文量在100篇以上的大学，北京有3所，而上海仅有1所，即华东师范大学，且其发表论文的篇数还不及北京第二位的北京师范大学。

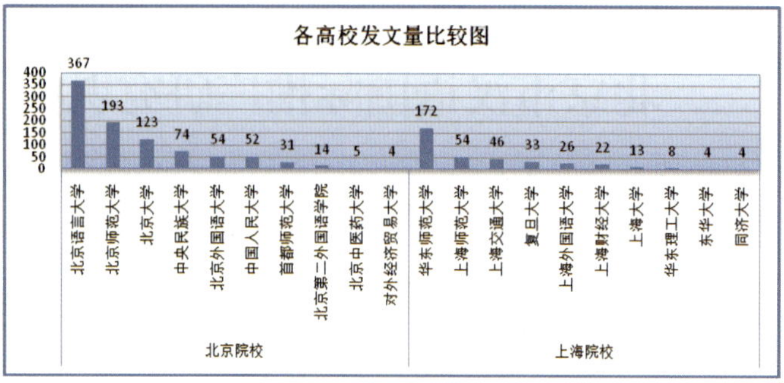

图2—1：北京和上海高校发文量对比

（二）北京市汉语国际推广专业研究人员

数据显示，北京高校在汉语国际推广专业研究人员的数量上，在全国占有绝对优势。北京高校中的汉语国际推广专业研究人员数量是上海的2.65倍，其中，北京语言大学共有专业研究人员77人，在北京这十所大学中占的份额达到44%，且超过了上海十所高校的合计人数。专业研究人员超过10人的大学，在北京10所高校中有6所，而在上海却仅有1所。

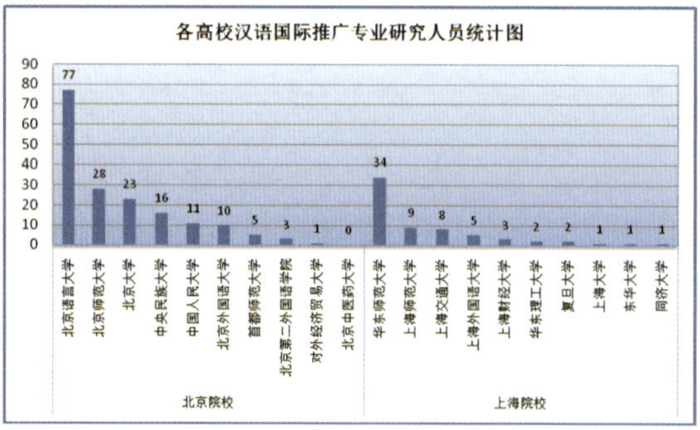

图2—2：北京和上海高校汉语国际推广专业人员数量对比

（三）国际汉语教学类著作出版情况

北京市国际汉语教学类著作无论从累计出版量、出版量增长情况还是在出版社实力方面，均在全国范围内具有优势。

1. 国际汉语教学类著作的出版量方面

北京市出版的国际汉语教学类著作数量在全国的出版总量中占据了绝对的主体地位。截至2010年6月，此类著作已累计出版了301部。统计结果显示，从出版地来看，此类著作的出版呈现高度集中的状况。其中，北京出版此类著作218部，占总数的72%，上海出版39部，仅占总数的13%。其他地区共出版44部。

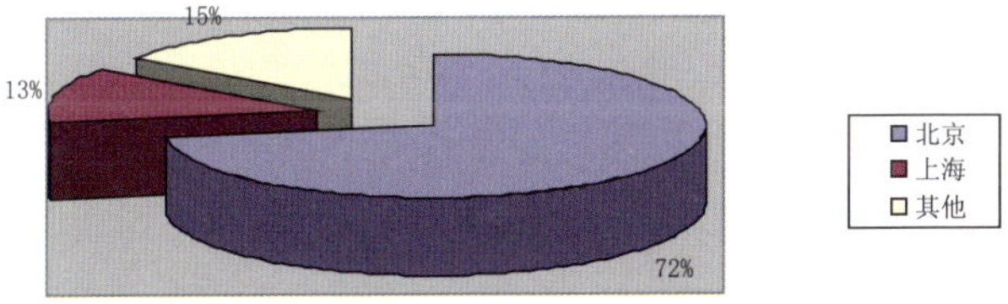

图2—3：各地区累计出版国际汉语教学类著作数量之比

2. 国际汉语教学类著作出版量的增长状况

北京市自出版国际汉语教学类著作以来，就成为了推动全国此类著作出版量增长的主力军。

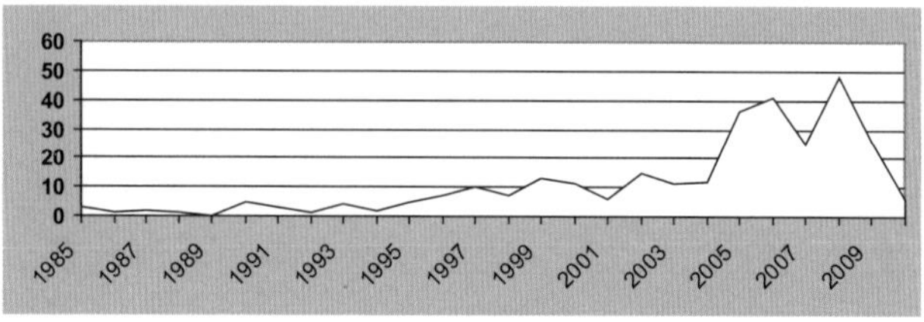

图2—4：1985年1月至2010年6月，全国国际汉语教学类著作年出版量

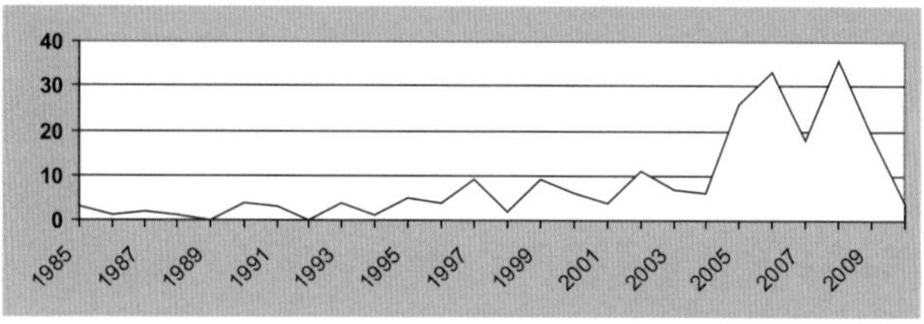

图2—5：1985年1月至2010年6月，北京市国际汉语教学类著作年出版量

从直观上可以看出，图2-4与图2-5的轨迹极为吻合，25年间，除1998年外，北京市此类著作的出版量占全国出版总量的比例均不低于50%，其中10年（1985、1986、1987、1988、1990、1991 、1993、1995、1997、2006）占全国出版总量的比例不低于80%。这表明，北京市国际汉语教学类著作各年的出版状况可大体反映当年全国的出版状况。

3. 相关出版社情况

国际汉语教学类著作的出版集中度很高，少数出版社承担了此类著作出版量中很大的一部分。在累计出版量超过10部的7家出版社中，北京市有5家，其出版此类著作的数量占到全国出版

………………

总量的59.80%；北京市以外的有2家，则只占到了全国出版总量的10.89%。

表2—1：累计出版国际汉语教学类著作超过10部的出版社及其出版量

出版社分组计数	
出版社	累计出版量
北京语言大学出版社[①]（北京）	59
外语教学与研究出版社（北京）	41
北京大学出版社（北京）	38
商务印书馆（北京）	32
学林出版社（上海）	12
华东师范大学出版社（上海）	10
中国社会科学出版社（北京）	10
总计	202

三、北京国际汉语教学相关教材出版情况

（一）出版教材情况概述

与全国其他地区相比，北京市出版国际汉语教学相关教材的数量最大，系统性强，处于绝对核心地位。

北京市各出版社共出版系列教材52套，占全国总数的81％，单本教材206种，占全国总数的90%。全国向海外发行的中文教材共有72种，其中北京市出版了70种。全国共出版专门用途教材30种，其中北京市出版了28种。但有针对性的“本土化”教材为数甚少，如《泰国人学汉语》、《对日汉语语音教程》等。

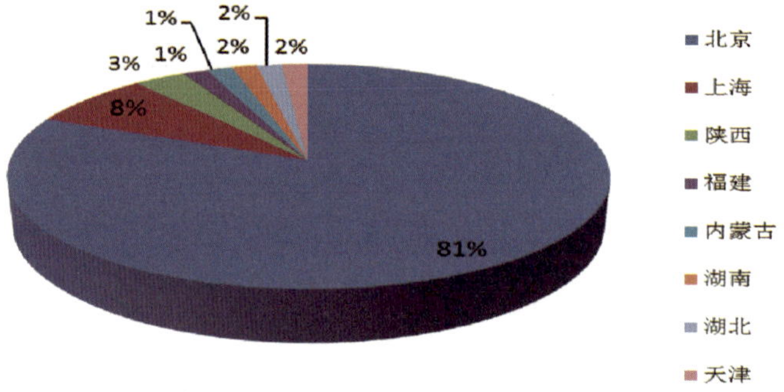

图3—1：全国各省市系列教材出版情况

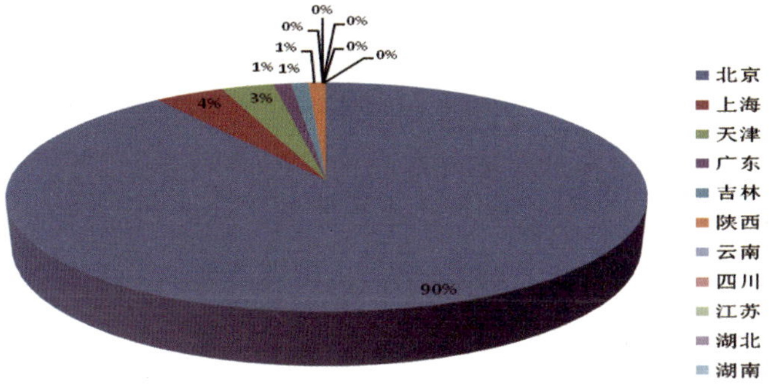

图3－2：全国各省市单本教材出版情况

（二）出版机构情况概述

全国共有36家出版社参与出版了汉语教学相关的教材，其中北京市以北京语言大学出版社、北京大学出版社、华语出版社等三大专业出版社为主，共有18家出版机构参与出版此类教材，占全国出版机构的二分之一。

（三）对教材出版现状的思考

基于课题组的研究结果，可以看出，与全国其他地区相比，北京市出版的教材数量最大，系列教材数量最多，教材总量占全国的最大份额，处于绝对主导地位。但我们也要看到，关于教材研发尚有很大的发展空间，以下两个方面尤其应该引起重视：

1．应大力发展本土化教材。随着汉语国际推广事业的蓬勃发展，越来越多的有识之士开始关注庞大的海外市场。现有海外中文教材大多仅为多语种译注本，针对性强的本土化教材稀缺。根据课题组的统计，已出版的本土化教材仅有7种，远远不能满足日渐增长的市场需求。因此，我国出版机构应大力发展海外本土化教材的编写、出版及使用推广。

2．专门用途类教材尚有待开发。随着中国国际地位的提高，各国汉语学习者中非华裔学生的比例逐渐加大。学习汉语往往是以就业前途、工作需要等经济原因为出发点。根据我们的调查，现有的课堂用教材依然是语言技能类教材占绝大多数，其他如商务、法律、历史等专门用途类的教材少之又少，有待开发。

四、北京市汉语国际推广影响力情况

（一）汉语国际推广网站情况

全国汉语国际推广的专业性网站不多。课题组针对全国汉语国际推广相关网站，根据内容高度相关、有一定规模、更新速度较快等条件只筛选出了19家。

1．北京市汉语推广网站在数量上占绝对优势

全国84%的汉语国际推广网站在北京，远远超出位居第二的上海。走在了全国汉语推广网站建设的前列。这说明北京市非常重视汉语国际推广事业的推进，在汉语国际推广网站的建设中抢占了先机。但也应该看到，网站目前的数量和质量已经远远不能适应汉语国际推广事业迅猛发展。大部分网站的规模还相当小，网站流量不容乐观，绝大多数网站浏览量也还很小，不能很好地发挥作用。

2．学习资源多于教学资源，教学版块的建设应是以后网站建设的重点

数据分析表明，这两个板块的建设状况直接影响到网站的流量。然而，多数网站教学版块的建设仍十分薄弱，尤其是在线课堂，只有一半左右的网站设有在线课堂，而在线课堂的建设实际应是汉语国际推广网站建设的核心。因为远程汉语教学辐射面广，不受时间空间限制，节省成本，是网络的独特优势，所以发挥这种优势，可以吸引更多的海外汉语学习者，是汉语国际推广网站建设的当务之急。

3．网站多语种建设尚显不足

目前，只有68.4%的网站进行了版面语种建设。点击率最高的网络孔子学院，有9个语种。另有4家网站语种达4种以上，但其他网站只具备基本的中英双语界面。应提倡网站的多语种建设，体现“世界城市”特色。

（二）北京举办汉语国际推广高层学术会议情况

研究表明，北京是汉语国际推广高层学术会议的举办中心，会议规模多样、主题多元、频率不断增加，议题内容逐渐从关注对外汉语教学转向了汉语国际推广。

1．北京是汉语国际推广高层学术会议的举办中心

北京共举办过23次相关的高层会议，占全国此类会议总数的57%，其中包括2005年7月在北京召开的具有划时代意义的首届世界汉语大会。此次会议后，汉语国际推广工作进入了高速发展阶段。国家汉办、世界汉语教学学会、北京大学对外汉语教育学院、北京语言大学、北京外国语大学等单位是高层会议的积极倡导者和组织者，在国内外具有相当大的号召力和影响力。

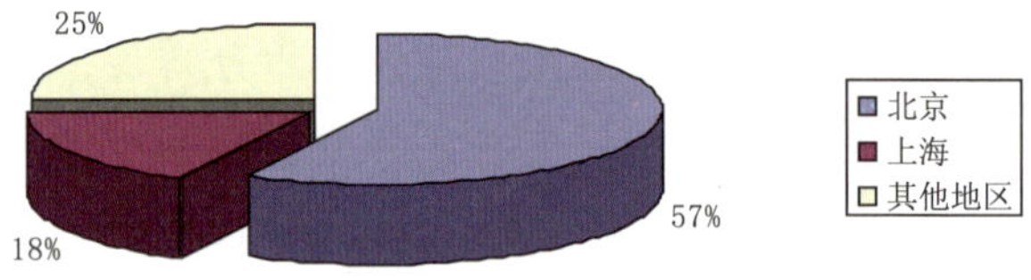

图4—1：全国汉语国际推广高层学术会议分布比例图

2. 会议举办频率不断增加

2007年，北京举办的汉语国际推广高层学术会议高达5次（第一届世界汉学大会、汉语作为外语教学高级论坛、第八届国际汉语教学讨论会、第二届孔子学院大会、第四届对外汉语国际学术研讨会），2007年之前，北京此类会议的召开频率基本在一年一次，2007年之后，保持每年召开3-4个研讨会。

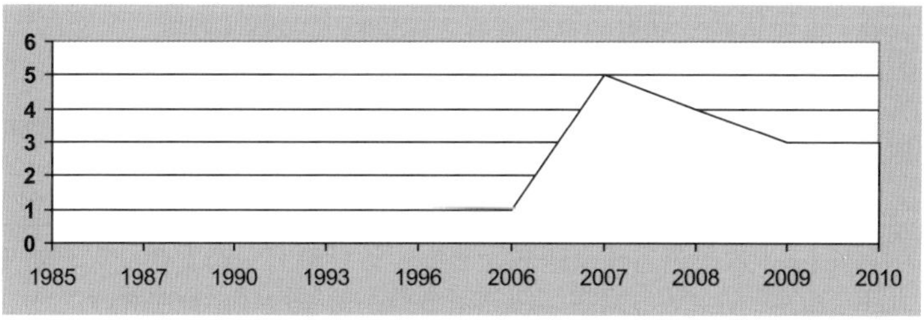

图4—2：北京市每年举办国际汉语教学及汉语推广相关会议的次数

3. 会议规模多样，会议主题从关注对外汉语教学转向汉语国际推广

在北京召开的汉语国际推广高层会议，既有参会人数在400-1 000以上的大型会议，也有就某一关键问题进行深入研讨，参会人数介于20-110人的小型会议。

会议主题逐渐从关注对外汉语教学转向汉语国际推广。近几年北京高层会议关注的焦点有汉语国际推广面临的前所未有的新机遇和挑战、如何改革才能推动汉语国际化发展、国际汉语教学学科建设等问题，汉语推广已完全放在全球背景下进行考察。

表4—1：国际汉语教学研讨会主题

国际汉语教学研讨会	
会议名称	主题/专题
第一届	对外汉语教学
第二届	汉语研究、教材教法研究、汉外对比研究
第三届	汉语教学理论和教学方法、汉语研究、教材编写、汉外对比研究
第四届	汉语教学与研究、汉外语言对比研究、教材及工具书编写、计算机辅助汉语教学、测试
第五届	汉语语言与汉语教学研究、教材编写、跨文化交际与对外汉语教学、课堂语言教学与各国汉语教学概况、教学大纲制订与语言教学法
第六届	“21世纪的汉语教学”
第七届	“汉语走向世界”：汉语本体、二语习得、语言与文化、教材教法、测试
第八届	“世界多元文化架构下的汉语发展”
第九届	“汉语国际教育标准与多元化教学”：下设汉语国际教育与学科建设的8个专题
第十届	汉语教学法创新、汉语教材编写思考与创新、汉语技能教学、汉语要素教学、汉语课堂教学研究、汉语教学资源与信息技术、测试和汉语教材使用培训与市场推广等9个专题

4. 官方和半官方组织的会议居多，纯民间组织的会议较少，应该进一步大力支持和鼓励高校及其他研究机构举办汉语国际推广相关的学术会议，这将进一步成为汉语国际推广的重要平台。

五、北京市外国留学生留学成本

课题组经研究发现，无论是学费、住宿费还是其他生活成本，外国留学生在北京市的留学成本均相对较高。

1．各省市外国留学生学费情况比较

（1）非学历留学生学费情况

从非学历留学生的年平均学费来看，北京和上海两地是全国最高的。上海以27 507元/学年位列第一，北京以24 442元/学年紧随其后，而全国非学历留学生年平均学费仅为16 332元/学年。其余各省中，平均20 000元/学年以上的只有4个，年平均低于15 000元/学年的却有11个之多，其中以宁夏最低，10 000元/学年。

表5—1：年平均学费超过20 000元/学年的4省市

上海市	27 057元/学年
北京市	24 442元/学年
天津市	21 680元/学年
江苏省	20 403元/学年

表5—2：年平均学费低于15 000元/学年的11省市

内蒙古	14 888元/学年	安徽省	12 933元/学年
四川省	14 070元/学年	新疆	12 750元/学年
甘肃	14 062元/学年	广西	11 870元/学年
黑龙江	14 000元/学年	河南省	11 175元/学年
青海省	14 000元/学年	宁夏	10 000元/学年
福建省	13 780元/学年		

（2）学历留学生年平均学费情况

在学历留学生的学费方面，总体来看，仍是北京和上海远远高于其他省市。

北京各层次学历留学生的年平均学费都高出全国平均水平将近一倍。即使与上海相比，除了博士研究生的学费以外，另外两个层次学历留学生的年平均学费北京也都比上海的高。来北京攻读本、专科的留学生平均每年要比去上海的多交3 529元学费，而攻读硕士学位的留学生则每年平均要多交4 481 元学费。

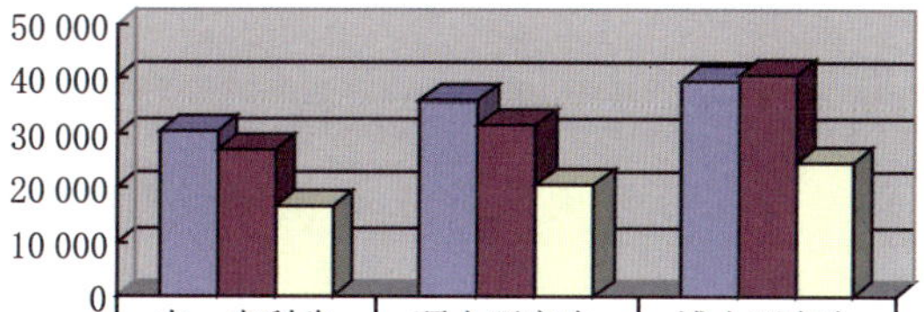

	本、专科生	硕士研究生	博士研究生
北京	30 612	36 161	39 858
上海	27 083	31 680	40 832
全国平均	16 763	20 680	24 847

图5-1 北京、上海与全国学历留学生年平均学费柱形图

2. 全国各省市留学生住宿费情况

全国平均住宿费为9 883元/年，各省市中高出全国平均数的有12个。这12个省市又明显分为2个梯队。9 900-13 000元/年的有8个，而超过13 000元/年的还有4个。北京为15 798元/年，很明显是属于第一梯队的，也就是说，北京是年平均住宿费最高的4个省市之一。

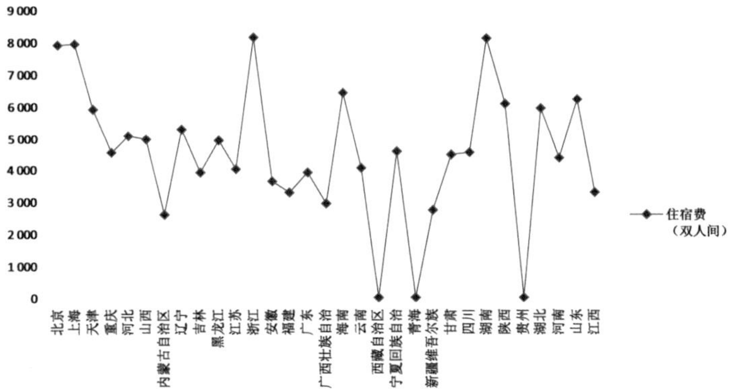

图5－2：全国各省市留学生年平均住宿费（双人间床位）情况图

3. 全国各省市生活成本情况比较

以北京为基准与全国其他主要城市就每月生活成本进行比较，我们发现，北京、上海和深圳是在同一个水平上的，属于全国生活成本最高的城市之列，远远高出全国平均水平。而生活成本最低的西藏拉萨市却仅仅需要900元/月，还不及北京市的五分之一。

表5－3：月生活成本高于4 000元/月的7省市

以北京5 000元/月为基准			
上海	5 350元	浙江杭州	4 980元
深圳	5 280元	江苏苏州	4 300元
广州	4 750元	福建厦门	4 100元

4. 结论与思考

北京市的留学生在近几年内未曾大幅上涨，一直保持平稳，而北京市生活成本高也是一个客观事实，因此下调的可能不太大。所以北京市在留学成本这个方面与全国其他省市相比并不具有优势，反而是处于相对劣势的。在吸引留学生方面，北京在以下几个方面的竞争力尚有待提升：

（1）硬件投入不够，要想降低留学生在京的居住成本，就要为他们的住宿提供更多选择。

（2）根据中国政府奖学金标准，以文科类学生为例，扣除学生每月生活费后，各个级别学生所剩奖学金金额分别是：本科生为每年10 400元，硕士研究生为每年16 800元，博士研究生为每年21 200元。如果与北京市学历留学生的年均学费和住宿费对照，就会发现，中国政府奖学金的金额只够支付学历留学生的学费或住宿费其中的一项，各招收享受中国政府奖学金的留学生的高校其实都在或多或少地用自己的经费进行补贴，因而导致北京市高校招收享受国家奖学金的留学生的积极性受挫。

（3）留学市场大部分由高校占据，能够参与其中的民间办学机构极少，市场竞争机制不够健全。

六、北京市中小学汉语国际推广情况

（一）外籍学生招收情况

1. 招生概况

累计招收外籍学生人数最多的为芳草地国际学校，该校自2002年获得招生资格以来已累计招收了4 758名外籍学生，同时该校也是在读外籍生最多的学校，为744人。累计招收外籍学生最少的是北京市黄庄职业高中，2004年至今仅累计招收4名外籍学生，2011年上半年在读外籍学生仅1名。60%的学校招生外籍生累计数量在500名以下，其中有12所中学在2004年底前就获得了招收外籍生资格。

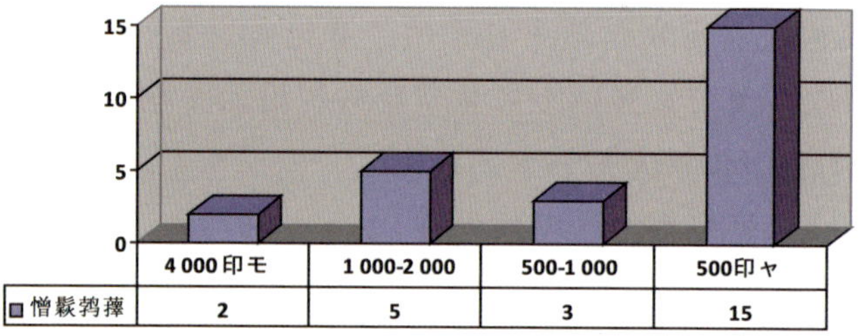

图6—1：北京市25所中小学累计招收外籍学生人数区间及学校数量分布图

在读外籍学生人数在100人以上的学校仅有5所，除芳草地国际学校外，依次为第八十中学、第四中学、北师大第二附中和日坛中学。除15中今年因宿舍整修未招收留学生外，在读外籍生人数在15人以下的也有5所，分别是十二中12人，中关村一小11人，天通苑中山实验学校10人，时代中学5人，黄庄职业高中1人。

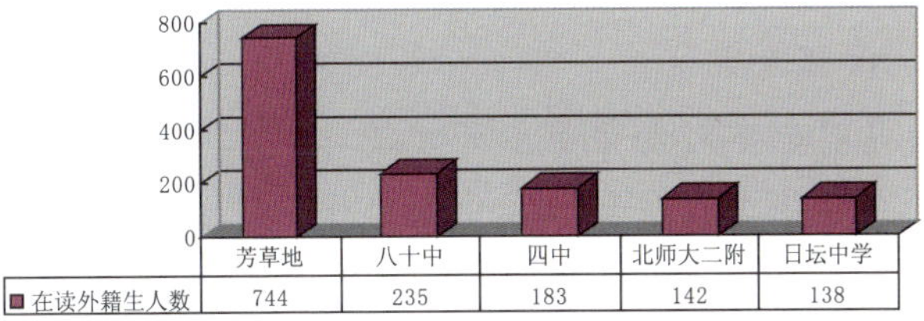

图6—2：北京市25所中小学中在读外籍学生人数排名前五的学校

2. 生源情况

各校自获得招收外籍学生资格以来，累计招收的亚洲生源数量最多，总数达到了11 501人，占总数的86.4%；北美洲学生数量虽然位居第二，但还不及亚洲学生总数的十分之一，仅占总数的8%，欧洲生源与大洋洲生源分别只占4.2%和1.2%，非洲学生最少，共31人，占总数的0.2%。

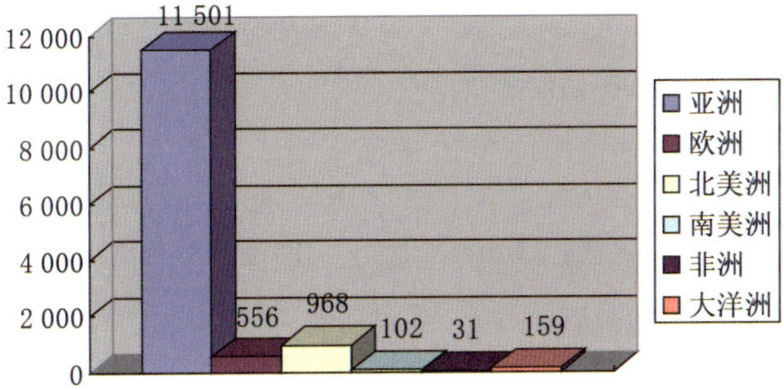

图6—3：北京市中小学外籍学生各大洲生源分布图

从学生类别来看，外籍中小学生的汉语培训并非重点，有8所学校不招收语言生。中小学外籍生学历生总数占全部外籍学生人数的91.5%，语言生则仅占8.5%。

3. 就读相关规定

北京市中小学对外籍学生并无统一的入学要求，各个学校标准不一，不过基本侧重于标准化语言水平测试成绩、学历证书、成绩单以及入学考试等几个方面。外籍生人数最多的芳草地国际学校对外籍学生入学的条件放得最宽，只需年龄在6-12岁之间即可。

表6-1 北京市中小学入学要求简表

入学要求	语言水平	学历证书	语言水平+学历证书	成绩单	入学考试
学校数量	9所	15所	7所	3所	5所

北京市中小学外籍学生的学费标准各校差异也较大，最高的是怀柔一中，为5万元/学年，最低的是芳草地中学，仅3 000元/学年。大部分学校收费均在1万元/学年以上。

4. 软硬件配套设施情况

从软硬件配套设施的整体情况来看，北京市中小学在接收外籍学生方面还大有潜力可挖。相对于外籍学生的在读人数，绝大部分学校的教室都非常宽裕，50%以上的学校平均每班的外籍生人数低于10人，最高的为23.5人/班（第八十中学）。83%的学校提供住宿，床位平均利用率仅为49%，空床位较多。74%的学校设有网络教学平台。

……………………

（二）北京市中小学外籍学生满意度

整体而言，外籍学生的满意度较高，总平均分达到了4分以上，不过在教材的趣味性、课堂教学的难易度和住宿及教学环境等方面，部分学校还有待改善。

1. 对教材的满意度

北京市中小学，在选用教材的问题上基本都得到了本校外籍学生的认可，教材难易度平均4.1分，教材实用性平均4分，但对教材趣味性的满意度较低，平均仅3.4分，且有两所学校的学生表示对教材的趣味性不满意。这两所学校分别是第十二中学和第八十中学。

表6—2：北京市中小学外籍生教材满意度分类统计表

	很满意	满意	基本满意	不满意	很不满意
教材难易度	7所	18所	4所	–	–
教材趣味性	2所	9所	16所	2所	–
教材实用性	6所	16所	7所	–	–

2. 对课堂教学的满意度

外籍学生对所在学校课堂教学的难易度和实用性两个方面总体评分较高，平均都达到了4分以上，实用性平均4.1分，难易度平均分为4分。但也有一所学校（黄庄职业高中）的外籍学生对学校课堂教学难易度表示不满意。

表6－3：北京市中小学外籍生课堂教学满意度分类统计表

	很满意	满意	基本满意	不满意	很不满意
课题教学难易度	6所	18所	4所	1所	-
课堂教学实用性	9所	14所	6所	-	-

3. 对从业教师的满意度

在对从业教师的满意度方面，外籍学生的整体评价最高，教学态度平均4.6分，教学水平平均4.4分，教学内容平均4.1分。

表6－4：北京市中小学外籍学生对教师满意度分类统计表

	很满意	满意	基本满意	不满意	很不满意
教师教学态度	16所	12所	-	-	-
教师教学水平	10所	18所	-	-	-
教师教学内容	4所	23所	1所	-	-

4. 住宿、签证及教学环境满意度

整体来看，外籍学生对所在学校的宿舍、签证办理和教学环境均较为满意，平均满意度分别为3.9分、4.4分和4.1分。但第十五中学的外籍生表示对学校的教学环境感到不满意。

表6－5：北京市中小学住宿、签证及教学环境满意度分析表

	很满意	满意	基本满意	不满意	很不满意
住宿	8	5	10	-	-
签证办理	14	11	2	-	-
教学环境	9	14	4	1	-

（三）北京市中小学对外汉语师资概况

数据统计显示，北京市中小学对外汉语师资队伍专业化程度还较低。学历构成以本科为主，占总数的82.41%，专业背景为对外汉语的教师仅占到总数的13.75%，青年教师（39岁以下）居多，具有一级以上职称者较少。

1. 学历构成以本科为主

北京市中小学的对外汉语教师，大部分为本科学历，共342人，占全部对外汉语教师总数的82.41%，具有硕士学历的不足六分之一。大专及大专以下学历的人数较少，博士研究生学历的人数还不到1%。

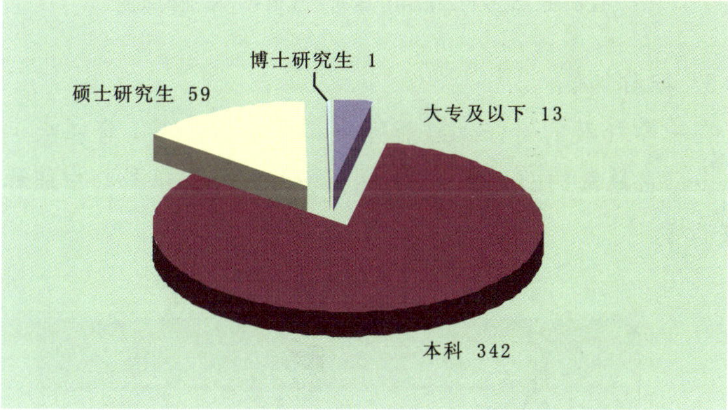

图6—4：北京市21所中小学对外汉语教师学历构成图

2. 对外汉语专业出身较少

北京市中小学中，对外汉语专业科班出身的教师并不多，仅59人，占总数的13.75%；中文专业出身的教师最多，共138人，占总数的32.17%；其次为外语专业出身的教师，共65人，占总数的15.15%；专业背景为教育学的教师有51人，占总数的11.89%。而其他专业背景的教师共116人，占到了总数的27.04%。

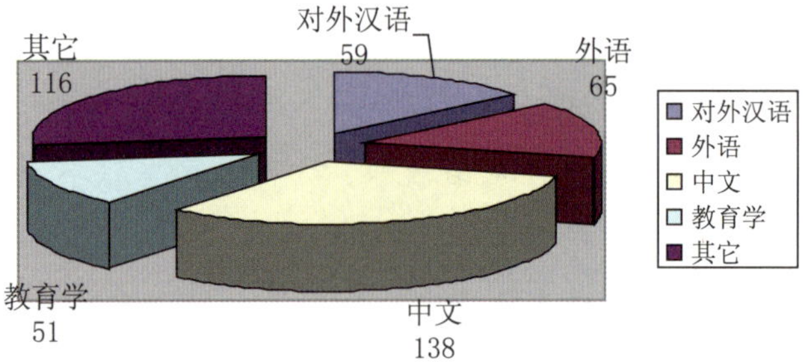

图6—5：北京市22所中小学对外汉语教师专业构成图

3. 职称偏低

在中学任教的对外汉语教师中二级职称以下（含二级）的人数较多，占总数的81.4%，在小学任教的对外汉语教师中职称分布相对平均。

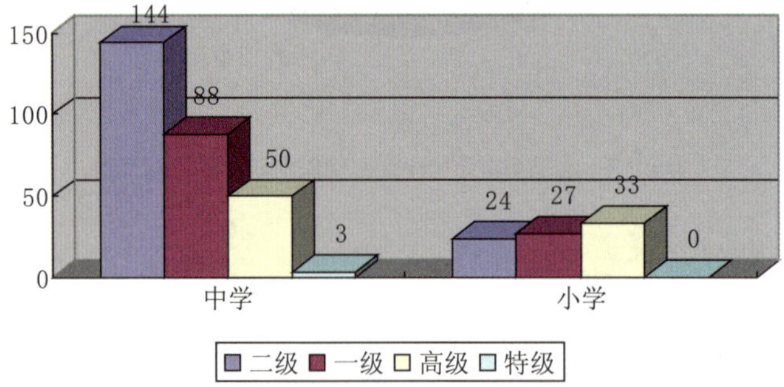

图6—6：北京市19所中小学对外汉语教师职称情况图

4. 青年教师居多

从数据统计结果来看，北京市中小学中，73%的对外汉语教师为39岁以下的青年教师，40-49岁的占18%，仅有9%的对外汉语教师在50岁以上。

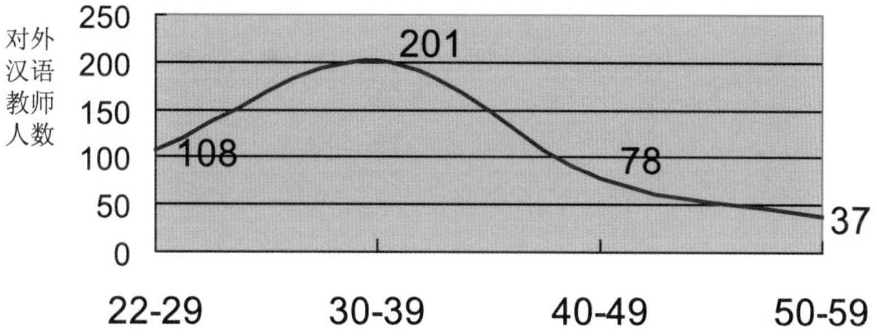

图6—7：北京市22所中小学教师年龄段分布图

北京市汉语国际推广现状及发展战略研究报告

Chinese Language Globalization in Beijing

（完整版二）

4

第二部分

现状调研部分分别围绕以下主题展开:

一、指导思想

二、机遇与挑战

三、总体战略构想

四、落实措施

北京市已确立建设“世界城市”的战略目标，因此，我们应该从建设世界城市的高度来审视北京汉语国际推广工作，制订出能充分发挥北京优势，着眼长期可持续发展，服务世界城市目标的北京汉语国际推广战略。

世界城市是国际城市的高端形态，是聚集世界高端企业和高端人才的城市，是国际活动的主办地和对全球的政治、经济、文化等方面具有重要影响力的城市。建设世界城市，要大力实施“人文北京、科技北京、绿色北京”的发展战略。[1]那么，世界城市与汉语国际传播有哪些关联性呢？

一、指导思想

（一）把汉语国际推广纳入“世界城市”战略

北京市已确立建设“世界城市”的战略目标，因此，我们应该从建设世界城市的高度来审视北京汉语国际推广工作，制订出能充分发挥北京优势，着眼长期可持续发展，服务世界城市目标的北京汉语国际推广战略。

世界城市是国际城市的高端形态，是聚集世界高端企业和高端人才的城市，是国际活动的主办地和对全球的政治、经济、文化等方面具有重要影响力的城市。建设世界城市，要大力实施“人文北京、科技北京、绿色北京”的发展战略。①那么，世界城市与汉语国际传播有哪些关联性呢？

第一、汉语国际推广可以提升北京的国际公认度

“世界城市不是自封的，而是公认的，是需要有社会认可度和国际公认度。提升国际公认度的前提是要有国际知名度、美誉度、满意度等。”②汉语国际推广可以通过把汉语和中国文化（含北京文化）传播到世界各地，提高北京的国际知名度和美誉度。

第二、汉语国际推广可以提升北京的国际影响力，间接促进北京与世界各国的经济文化交流

世界城市既然是国际城市的高端形态，首先必须是国际城市，通过汉语国际推广可以搭建北京与世界各国合作交流的桥梁和纽带，与世界各国人民广交朋友，增进理解，建立友谊，提升

①刘淇：北京为什么要建世界城市？2010年7月22日人民网：http://politics.people.com.cn/GB/1026/12214239.html。

②连玉明：世界城市，北京的选择。2010年5月13日人民网：http://world.people.com.cn/GB/57507/11584702 0.html。

北京的国际影响力，间接促进北京与世界各国的经济文化交流。

第三、汉语国际推广有助于丰富人文北京的建设内容并牵动北京人文走向世界

"建设世界城市，不是简单地模仿复制已有世界城市的形态和发展路径，而是要按照科学发展观的要求，大力实施'人文北京、科技北京、绿色北京'的发展战略，在提高全球影响力的同时凸显中国特色、首都特点。"①汉语国际推广在向世界推介中国特色和北京特点方面具有独特优势。在全球兴起汉语热的今天，人们要学习的所谓"汉语"，其实就是普通话，而普通话的定义里就明确了以北京语音为标准音，因此，北京自然而然地成了世界各国人士学习汉语的最理想的目的地城市。但是，并非所有的外国人都知道这一点，通过汉语国际推广，可以进一步凸显北京的这一独特优势，并将其最大化地加以利用。与此同时，通过汉语国际推广，也可以把北京文化（包括传统文化和当代文明）传播到世界各地，有助于让世界人民更好地了解人文北京，增强北京对各国人民的吸引力。此外，以汉语国际传播需求带动北京国际汉语教学学科建设及相关文化产业建设，丰富人文北京内涵。

（二）把汉语国际推广作为提高首都教育国际化水平的重要途径

汉语国际推广向外传播的虽然主要是汉语和中国文化，与外方合作建立孔子学院、孔子课堂等多种汉语国际推广项目的合作往往带来中外校际合作关系的建立，而校际合作交流关系的建立，往往为更广泛的合作交流搭建了平台，催生更多的校际合作

①刘淇：北京为什么要建世界城市？2010年7月22日人民网，http://Polifics.People.com.cn/GB/1026/12214239.html。

交流项目。因此，大力开展汉语国际推广，可以促进首都教育国际化水平的提高。

（三）以汉语国际推广为载体，提高北京人民的跨文化交流能力和国际化意识

建设世界城市，人的因素是最重要的因素，市民的跨文化交流能力和国际化意识将直接或间接影响世界城市建设的宏伟目标。汉语国际推广既包括走出去向世界各国人民传播汉语和中国文化，也包括世界各国人民走进中国学习汉语和中国文化。如能充分发挥北京在汉语国际推广中的独特优势，做到外国人“大进”与中国人“大出”并举，将大大增加北京市民国际交流的机会，提高跨文化交流能力和国际化意识。

二、机遇与挑战

（一）机遇

机遇一：汉语国际传播迎来了千载难逢的大好机遇

纵观中华历史，汉语和中华文化向外传播的历史机遇并不多，唐宋和明清可算中华语言文化对外传播较好的时期，目前中国综合国力迅速上升，汉语和中华文化国际传播迎来了千载难逢的大好机遇。2010年中国GDP总量超过日本，成为全球第二大经济体。中国经济实力的增强会间接影响学习汉语的人数。“目前，全球学习汉语的人数已经超过了4 000万，初步实现了从单纯的外国人单向进来学汉语，向汉语加快‘走出去’，走向世界的转变。”①

美国著名民意调查机构——皮尤公众与媒体研究中心（Pew Research Center）于2011年1月13日公布了一项最新的民调结果，47％的美国人认为中国是世界头号经济强国，仅31％的受访者认为美国仍是世界最大的经济体。②尽管这并非事实，但反映了美国民众对中国的印象，甚至可能也反映了许多国家民众对中国的印象。虽然这是错误的印象，但它会激发人们对中国的兴趣，甚至影响人们的职业生涯规划。据说，美国纽约的很多富人家庭已开始聘请家庭汉语教师给自己学龄前的孩子教授汉语，因为他们坚信21世纪的中国将成为最为发达的国家之一，要让孩子在未来的职业生涯中抢占先机，应该在学习语言的最佳年龄段教他们

①刘延东：提高质量 内涵发展 开创孔子学院科学发展新局面（在全国孔子学院工作会上的讲话，2010年12月7日）

②PewResearchCenter Publications：Friend or Foe？ How Americans See China（by Andrew Kohut, President, Pew Research Center,Special to The Wall Street Journal,January 13, 2011）
http://pewresearch.org/pubs/1857/kohut-how-americans-see-china-friend-or-foe 原文：Public interest in China is not just academic. A large majority correctly identifies China as the country that holds the most American debt. Growing numbers of Americans also see China——incorrectly——as the world's leading economic power. Pew Research's latest survey finds 47% of respondents citing China as the world's top economic power, and only 31% correctly citing the U.S. In early 2008, the balance of opinion was the opposite: 41% named the U.S., while 30% named China.

学习汉语。事实上，这种现象不仅在美国，在各大洲的许多国家都出现了。汉语热已经开始在全球出现。

机遇二：汉语国际推广已成为国家战略，中央领导高度重视

汉语国际推广越来越受到国家重视，已成为我国“走出去”战略、“人文外交”战略、“大外宣”战略和“软实力建设”战略的重要组成部分。

中央领导高度重视汉语国际推广工作。早在2005年9月，胡锦涛总书记就作出重要批示：“汉语加快走向世界是件大好事。”5年来，胡锦涛、温家宝、李长春、习近平等中央政治局常委做出批示65次，特别是胡锦涛总书记多次在党的重要会议上做出明确指示。2008年党的十七届三中全会上，总书记提出要稳步推进孔子学院建设，促进汉语推广。2009年在第十一次驻外使节工作会议上指出，要加强孔子学院建设，积极开展公共外交和人文外交。今年（2010）十七届五中全会，在总结‘十一五’期间工作时指出，加强外宣工作，孔子学院建设取得新进展。中央政治局常委出席孔子学院的活动5年来有87次，其中总书记亲自出席的有27次。①

中央领导同志的指示精神概括起来有以下几点：一是指出汉语加快走向世界是件大好事；二是强调要抓住全球“汉语热”这一契机，从战略的高度加以谋划。指出汉语国际推广是长期的战略任务，不是权宜之计。要把汉语国际推广作为提升我文化软实力的重要渠道；三是强调孔子学院力求开办一所就确保办好一所；四是指出要拓展孔子学院的文化传播功能；五是加强调查研

①刘延东：提高质量 内涵发展 开创孔子学院科学发展新局面（在全国孔子学院工作会上的讲话，2010年12月7日），国家汉办印发。

完整版（2）

究，总结完善和借鉴国外先进经验。[①]

机遇三：中央财政投入快速增长，北京市投入逐年增加

过去五年中，中央财政投入到汉语国际推广中的经费持续增长，累计达到56亿元[②]，为汉语国际推广事业提供了重要的财力保障。仅2011年中央财政对汉语国际推广的投入就达17亿。北京市财政也每年投入数千万元用于支持开展汉语国际推广工作。

机遇四：北京发展战略与汉语国际推广高度契合[③]

北京市发展战略中的“世界城市”建设目标与汉语国际推广高度契合。“世界城市”又称“全球城市”（Global city），是指在社会、经济、文化或政治层面直接影响全球事务的城市。世界城市是城市发展的高级阶段，是城市的高端形态，通常具有一个结点、两大功能、三个特征。

一个结点是指，现代意义上的世界城市是全球经济系统的中枢或世界城市网络体系中的组织结点，对全球政治经济文化具有控制力和影响力。

两个功能是指，对全球政治经济文化具有控制力与影响力是世界城市的两个核心功能。控制力是“硬实力”，影响力是“软实力”。软实力是一国文化、制度与意识形态的吸引力和说服力。从本质上讲，世界城市是全球战略性资源、战略性产业和战略性通道的控制中心，是世界文明融合与交流的多元文化中心，也是城市硬实力与软实力的统一体。

三个特征是指，一是具有雄厚的经济实力；二是具有巨大的

①参考刘延东：提高质量 内涵发展 开创孔子学院科学发展新局面（在全国孔子学院工作会上的讲话，2010年12月7日），国家汉办印发。

②财政部张少春副部长在第一次全国孔子学院工作会议上的发言中发布的数据，2010年12月7日。

③主要参阅百度百科“全球城市”词条写成。网址：http://baike.baidu.com/view/256612.htm?fromenter=%CA%C0%BD%E7%B3%C7%CA%D0

国际高端资源流量与交易；三是具有全球影响力。影响力是软实力的外在表现，是引领时代潮流的主导力量。世界城市的影响力既有文化和舆论的力量，也有组织和制度的力量。主要表现为城市综合创新体系、国际交往能力、文化软实力和全球化的治理结构。

从以上关于世界城市的界定来看，北京要成为名副其实的世界城市，国际影响力必不可少，且目前北京市的国际影响力还有大力提升的必要。而汉语国际推广正是提升国际影响力的重要途径之一，北京市通过大力开展汉语国际推广可以使北京市与世界各国的联系更加紧密，而且可以通过汉语的“走出去”带动世界城市多种要素的“走进来”。

（二）主要挑战

以上是北京市汉语国际推广工作加快发展的重要机遇，但要确保快速发展也必须勇敢面对如下挑战：

挑战一：观念亟待更新

1．对汉语国际推广的认识不到位

对外汉语教学是汉语国际推广的组成部分，但还不完全是汉语国际推广。对外汉语教学的重点是“引进来”，而汉语国际推广的重点是“走出去”。北京市汉语国际推广的成绩主要看北京对世界各地的汉语教学（国际汉语教学）和中华文化国际传播做出多大的贡献。相关领导和所有从业者均应深刻领会从对外汉语教学向汉语国际推广的六大转变：

（1）发展战略从对外汉语教学向全方位的汉语国际推广转

变；

（2）工作重心从将外国人“请进来”学汉语向汉语加快“走出去”转变；

（3）推广理念从专业汉语教学向大众化、普及型、应用型转变；

（4）推广机制从教育系统内推进向系统内外、政府民间、国内国外共同推进转变；

（5）推广模式从政府行政主导为主向政府推动的市场运作转变：

（6）教学方法从纸质教材面授为主向充分利用现代信息技术、多媒体网络教学为主转变。

然而，很多人的观念还停留在对外汉语教学阶段，很难适应汉语国际推广发展的需要，这是北京市汉语国际推广工作面临的第一挑战。

2. 国际教育的产业经营理念尚未树立[①]

理念决定实践，实践贯彻理念。先进的理念对实践产生引领作用，落后的理念则对实践产生阻碍作用。教育应不应该作为一项产业来经营，目前在国内是一个充满争议的问题，孰是孰非有待时间检验。然而，在美国、英国、澳大利亚、加拿大等国，高等教育作为一项产业，已经毫无争议。国际教育作为高等教育的重要组成部分，作为一项产业来经营在国外一些国家已经做得非常成功。据报道，美国2004—2005学年，外国留学生在美国总消费为186亿美元，如果减去美国大学、政府等方面的资助57.3亿美元，再加上留学生配偶和孩子在美国消费的4.2亿美元，外国留学

①本部分引自吴应辉：北京市加快发展留学生教育的战略选择，《中国高教研究》2009年第3期。

生对美国经济贡献净值约为132.9亿美元。

中国加入WTO已经七年了，根据WTO的有关条款，教育也是一种产业，在国际贸易中，教育是服务贸易的重要组成部分。据澳大利亚教育国际开发署（IDP Education Australia）预测，2025年，全球留学生人次数将达到760万人次。日本曾提出到2025年日本接收30万外国留学生计划①，那么，中国能从这个大蛋糕中切到多大的份额，既需要看中国综合国力和中国教育主管部门的统筹规划情况，同时也在很大成度上取决于我们外国留学生教育从业者的努力。我们必须首先坚定地建立一个国际接轨的理念，国际教育就是一种产业，我们必须把国际教育作为产业来经营，才能实现长期可持续发展。反之，其发展将受到严重制约。

对于汉语国际推广，我们认为，应该从讲政治的高度来认识，但要以产业经营的理念来指导实践，不能唯利是图，但也不能亏本经营，要追求长期可持续发展。国际汉语教学的产业化经营有助于变输血为造血，推动汉语国际推广事业的长期可持续发展。

挑战二：传统的优势学科“对外汉语教学”已不适应汉语国际推广新形势，“国际汉语教学”学科建设尚未引起重视。

对外汉语教学正快速向汉语国际推广转变，对外汉语教学学科也应该与时俱进，转型为国际汉语教学学科。

自20世纪80年代对外汉语教学学科建立以来，我国对外汉语教学学科取得了快速发展，已形成一套自己的理论体系、研究方法，推出了大批研究成果，建立起了本科、硕士和博士三个层次

①中国侨网2月22日报道。

人才培养的完整体系，为中国的对外汉语教学事业做出了应有的贡献。2003年国家汉办推出的“汉语桥工程”开始实施，对外汉语教学开始向国际汉语教学转型。2005年7月在北京举办的首届世界汉语大会实为汉语国际推广的首次动员大会，来自五大洲66个国家的300多位代表出席了这次大会。此次大会之后，汉语国际推广工作进入了高速发展阶段。“六大转变”的推出，更加快了传统的对外汉语教学向国际汉语教学的转型。①

目前的汉语教学除了我国国内的对外汉语教学之外，还有100多个国家都在开展汉语教学。据教育部公布的数据，2008年共有来自189个国家和地区的223 499名各类来华留学人员，与世界各国学习汉语人数相比，仅占不足1%(0.56%，按全世界4 000万人学汉语的数字计算)。我国2008年派出的汉语教学志愿者和汉语教师达3 000多人，但他们只占世界各国汉语教师极小的一部分。这些数据已经充分说明，汉语教学的主体不在国内而在国外。国际汉语教学时代已经到来。因此，我们有必要在传统的对外汉语教学学科的基础上扩充改造，形成与汉语国际传播形势相适应、更有利于学科发展的国际汉语教学学科。对外汉语教学的内涵是“对外国人的汉语教学”，隐含着“老师是中国人，中国老师教外国学生”之意。但进入国际汉语教学时代，当千千万万的外国人就在自己的国度学习汉语的时候，教授他们汉语的老师可能绝大多数都是本国人，对外汉语教学这一名称在中国以外的其他国家就显得不太合适。作为一个学科，其内涵已发生了巨大变化，甚至已变化到原有的学科名称不能涵盖的程度，因此，非常有必要用“国际汉语教学”替代“对外汉语教学”。这样，国际汉语

①主要引自吴应辉：国际汉语教学学科建设及汉语国际传播研究探讨，《语言文字应用》2010年第3期38页，部分地方有改写。

教学学科就能很好地涵盖国际汉语教学时代的学科内涵发展需要。尽管形式上对外汉语教学这一名称的使用仍然居主导地位，但现实中对外汉语教学学科已进入了国际汉语教学学科时代。从这个意义上讲，国际汉语教学这一能够充分反映此变化的新的学科名称替代“对外汉语教学”这一传统学科名称实属必然。[①]中央民族大学率先启动了国际汉语教学学科建设工作，明确将国际汉语教学确定为重点培育学科，每年投入50万元建设经费加以建设，目前在队伍建设、科学研究和人才培养几个方面均取得了一些进展。

我国的对外汉语教学学科起源于北京，发展壮大也主要在北京，但在对外汉语教学时代正在悄悄地让位于与汉语国际推广事业相适应的国际汉语教学时代之时，对外汉语教学已经渐渐落伍了，这一北京市占有绝对优势的学科面临着重大选择，要么脱胎换骨，举起国际汉语教学的大旗，引领国际汉语教学的时代潮流，将对外汉语教学优势转化为国际汉语教学优势，让北京继续引领这个崭新的国际汉语教学学科；要么固守对外汉语教学这一仅为国际汉语教学的一个组成部分的分支学科，将国际汉语教学的引领地位拱手让给其他省、市、区。如何选择，这是北京市面临的一个新的挑战。

挑战三：全市汉语国际推广资源需要整合

北京市汉语国际推广资源相对分散，往往属于某校或某机构，缺乏超越单位的组织领导机构和整合机制。如人力资源，尤其是专家资源和高级研发人员往往孤身作战，难以行成团队合力；汉推经费不仅数量偏少，而且分得太散，主要用于留学生奖

①吴应辉：国际汉语教学学科建设及汉语国际传播研究探讨，《语言文字应用》2010年第3期。

学金和短期来华项目资助，不能集中财力办大事。

挑战四：大发展需要大投入

北京市的汉语国际传播事业应该与北京的地位和优势尤其是汉语教学优势相匹配，需要谋划一些能影响全球汉语国际传播事业的大手笔项目，要谋划大项目就需要大投入，而是否能争取到大的投入是北京市汉语国际推广面临的又一挑战。

挑战五：高留学成本制约北京来华留学的快速发展

如前面现状部分的研究所述，外国留学生在北京的留学成本包括学费、住宿费、日常生活费在全国均居前三位，其中学费一项，非学历生学费居第二位，每学年学费24 442元，仅次于上海每学年27 057元，而全国年平均学费仅为每学年16 332元。每学年20 000元以上的只有4个省（自治区），低于每学年15 000元的却有11个之多，其中以宁夏最低，每学年仅10 000元。

北京的外国留学生本科生学费和硕士生学费，均居全国第一位。来北京攻读本、专科的留学生平均每年要比去上海的多交3 529元学费，而攻读硕士学位的留学生则每年平均要多交4 481元学费。博士生的平均学费居第二位，每学年39 858元，仅略低于上海的每学年40 832元。

北京外国留学生的住宿费平均为每学年15 798元①，仅次于上海的每学年15 836元，居第二位，而全国平均住宿费仅为每学年9 883元。

就全部生活成本而言，北京、上海和深圳在同一个水平上，属于全国生活成本最高三个城市，远远高出全国平均水平。

2010年，北京市接受外国留学生人数约为8万人，接近全国

①按每学年实际学习时间9个月计算。

留学生人数的30%，但一直没有达到30%。这一比例在过去五年中一直没有明显变化。根据教育部制订的留学中国计划，到2020年来华留学生要达到50万人，北京市能否充分发挥自身的独特优势，争取使留学生人数达到全国的50%，即2020年北京市的来华留学生达到25万人，是一个非常宏伟的目标，同时也是一个严峻的挑战。如果北京市来华留学生人数能每年递增13.50%，这一目标就能实现，面对的最大挑战就是北京市的高留学成本和教学、生活硬件条件的不足。

三、总体战略构想

北京市汉语国际推广的总体战略目标可定位为：把北京建设成为我国向世界各国传播汉语和中国文化的主要支撑城市。其支撑作用可概括为三个基地、一个目的地和一个产业群。

三个基地是指，把北京建设成为全球最重要的汉语国际传播理论创新基地，全球最著名的国际汉语师资和汉学家的培养基地和全球最著名的国际汉语教材和教辅产品研发基地。一个目的地是指，把北京建设成为来华学习汉语的最理想、容量最大的目的地城市；一个产业群是指，加大投入，在北京孵化培育出以国际汉语教学为核心的新兴国际教育产业群。

（一）把北京建设成为全球最重要的汉语国际传播理论创新基地

汉语国际传播实践呼唤理论的指导，而现实是汉语国际传播的实践已经走在了理论的前面，很大程度上是“摸着石头过河”。然而，随着汉语国际传播事业的不断向前发展，不可能永远停留在“摸着石头过河”的阶段。汉语国际传播事业要实现科学发展，必须有正确、超前性的理论作指导。理论创新需要一批能站在学科前沿扎实开展研究的学者去完成。北京市与其他省（自治区、直辖市）相比，在高端人才方面具有绝对优势，我们应该积极创造条件，充分利用这些优势在汉语国际传播理论创新方面有所作为。

在继续鼓励和支持北京有关高校继续开展理论研究的同时，建议整合北京各高校现有人才，成立一个跨校研究机构——北京汉语国际传播研究院，由北京市资助，统筹组织协调，确定一批汉语国际推广的重点研究领域，如“汉语国际传播方略”、“汉语国际传播国别问题”、“汉语国际传播体制、机制与科学发展”、“汉语教学的本土化问题”、“国际汉语教学理论与实践”、“国际汉语师资”、“汉语国际传播与经济社会发展”、“汉语国际传播典型个案”、“汉语国际传播标准”、“汉语国际传播项目”、“汉语国际传播中的文化问题”、“现代教育技术与汉语国际传播”和“汉语国际传播史”等领域开展前沿性学术研究，以引领汉语国际推广的学术走向并为汉语国际传播实践提供理论参考。

（二）把北京市建设成为全球最著名的国际汉语师资和汉学家的培养基地

国际汉语师资需求与学习汉语人数成正相关关系。随着中国国力的进一步增强，未来相当长一段时间世界各国学习汉语人数将持续快速增长，这就意味着世界各国对汉语教师的需求也将持续快速增长。据本课题组估计，目前全球每年新增汉语教师需求至少上万名，今后相当长一段时间这种需求还会紧随中国国力的增强而快速增加。

北京市在满足国际汉语师资需求方面应该扮演怎样的角色呢？北京市有8所院校设有汉语国际教育硕士专业学位点，7所院校在语言学及应用语言学、课程与教学论等专业设有对外汉语教学方向，6所院校语言学及应用语言学专业在对外汉语教学或汉语国际传播方向培养博士生，在汉语教学相关本科、硕士、博士学位点或研究方向上遥遥领先于其他省（自治区、直辖市）。在国家汉办所设的19个汉语国际推广基地中，北京市有6个，占全国汉语国际推广基地的31.6%。课题组认为，北京市应该充分发挥国际汉语教师人才培养的已有优势，做大做强国际汉语师资培养培训事业。要树立品牌意识，在培养质量和特色方面下功夫，为世界不同的国家和地区量身定制，培养出具有国别针对性的高质量汉语师资。既要招收中国学生进行培养，使其成为外向型的国际汉语教师，也要招收世界各国学生到北京高校培养，使其成为通晓汉语和中国文化，具有良好教学技能的本土化汉语教师。

此外，北京名校云集，学科齐全，要积极鼓励各校招收有志于学习研究中国的各国青年学子，努力培养大批未来的汉学家。

（三）把北京市建设成为全球最著名的国际汉语教材和教辅产品研发基地

汉语国际推广面临的主要问题是“三教问题”，即教师、教材和教学法问题。由于世界各国国情不同、语言文化各异，目前严重缺乏适合各国学习者的本土化汉语教材。本土化教材的研发不仅可以解决世界各国汉语教学的燃眉之急，而且是一项极具商业开发潜力的产业。因为随着中国国力的进一步增强，未来相当长一段时间世界各国学习汉语人数将持续快速增长，与国际汉语教学相关的学术和应用产品的需求将日益增加。北京市在相关产业方面有明显优势，以出版业为例，北京市的汉语教材出版单位达18家，占全国36家的一半，出版汉语教材总数占全国的81%，优势十分明显。因此，北京应该充分利用汉语教学专家和汉语教学出版业发达的优势，在教材和教辅产品的研发方面勇敢地担当起引领者的角色，有计划有组织地全面开展国际汉语教学和教辅产品研发，引领国际汉语教学新潮流，提升北京汉语国际推广知名度，并为国际汉语教学产品相关产业的发展提供智力支撑。

（四）把北京建设成为来华学习汉语的最理想、容量最大的目的地城市

北京的普通话环境，具有良好专业素养且数量充足的大批潜在汉语教学师资，首都的优越地位及丰富多彩的传统文化和现代文明，对外国人极具吸引力。绝大多数想到中国学习汉语的外国人都会把北京作为理想中首选的学习目的地城市。然而，北京市大力发展国际学生教育存在两个方面的主要问题：

1. 北京市接待外国留学生的相关硬件条件迫切需要扩容

制约北京市外国留学生快速发展的另一个主要障碍是硬件条件的严重短缺，住宿条件的短缺尤为突出。课题组在调查中发现，北京市各高校的留学生公寓均处于饱和状态，如果不提前数月订房，即使是二三十人的外国留学生小团也难以在校内安排住宿。一般高校的外国留学生校外住宿率均在50%左右，许多留学生均为校内无房可住才不得不在校外租房居住。课题组认为，相当一部分原本想到北京学习而最终到其他省、市、区学习的留学生，主要是因为北京高校留学生宿舍紧张，而校外租房不仅不方便而且房租昂贵而不得不选择其他省市区。因此，对留学生住宿条件的大幅扩容将带来北京市外国留学生的大幅增长。

2. 政策滞后，应尽快建立有利于外国留学生快速发展的宽松的政策环境[①]

北京市以前制订的有关外国留学生管理的规定在规范外国留学生教育方面起到了很好的作用，但是，任何政策都会有时代局限，需要时俱进地不断加以修改、补充和完善。北京市外国留学生要实现快速增长必须解放思想，加大改革力度，走既具有中国特色，又能与国际接轨的外国留学生教育之路。理念决定政策，如果我们承认国际教育是一种产业，那么，我们前些年制订的政策中的一些明显滞后的内容就应该及时修订。比如修订《北京市关于外国留学生工作的若干规定》（以下简称“北京市规定”）[②]中不利于外国留学生教育快速发展的有关条款。

总之，要使北京市留学生数量实现快速增长，我们还需要营造更具有鼓励性、更宽松的政策环境。如既能大幅改善留学生服务相关硬件条件又能营造宽松的留学生政策环境，把北京建设成为最理想、容量最大的留学生目的地城市的目标在不远的将来完全可以实现。

（五）在北京孵化培育出以国际汉语教学为核心的新兴国际教育产业群

理念决定实践，实践贯彻理念。先进的理念对实践产生引领作用，落后的理念则对实践产生阻碍作用。教育应不应该作为一项产业来经营，目前在国内是一个充满争议的问题，孰是孰非有待时间检验。

“新东方”作为一个以英语培训为主业的教育集团在北京诞

①本部分引自吴应辉：北京市加快发展留学生教育的战略选择，《中国高教研究》2009年第3期。
②北京市教育委员会网站：http://www.bjedu.gov.cn/2007bjedu/23784734531046604 80/20070927/54109.shtml。

生，在北京成长，最后在美国成功上市，成为一个国内外知名的外语教育产业集团。那么，在汉语热日益兴起的今天，同样在北京，是否有可能孵化培育出以国际汉语教学为核心的新兴国际教育产业群呢？课题组认为，不仅可能，而且是朝阳产业，前景十分广阔。国际汉语教学相关的招生宣传、教学、后勤服务、教材出版、教辅产品开发以及相关的商业运营完全可以形成一个国际教育产业群。年产值10亿元人民币应该完全可能。

四、落实措施

（一）政策配套，营造宽松的政策环境，创新体制机制

真正落实行政许可法，取消外国留学生招生审批制度，变审批为备案，只要是依法设立的学校均允许招收外国留学生。转变政府职能，从审批转为监管和服务。组建外国留学生教育行业协会，将行业内部管理事务交由行业协会负责，把政府从行业事务中解放出来。这一政策如能推出，将对北京市外国留学生规模的快速扩张产生巨大的推动作用。但可能带来的问题是恶性竞争，以及部分学校可能管理不到位。但此类问题可以通过市场选择、行业约束和政府监管等途径解决。

（二）集中投入办大事：创办一所大学和一个研究院："北京国际汉语大学"和"汉语国际传播研究院"

近年来，北京市积极配合国家汉语国际推广战略，每年拨出数千万元资金用做外国留学生奖学金和支持汉语国际推广项目，这充分体现了北京市对汉语国际推广事业的重视。但课题组认为，北京市可以集中力量加大投入办几件大事。为满足世界各国学生到北京学习汉语和中国文化，建议兴办一所市属的大学"北京国际汉语大学"或"北京孔子学院"。这所大学应该办成硬件设施一流、教学及服务一流、专门从事国际汉语教学的一所专业性大学。学历与非学历教育并举，每年接受长短期各国学生2万人以上。这所大学可以由政府财政投入建成一所市属大学，也可

以走市场化融资渠道，建成一所股份制民办大学，靠市场化经营解决其生存发展问题。这所大学将具有接收来华留学生并对其开展汉语教学功能，同时还兼有北京市支持世界各国开展汉语教学的后援支撑基地功能，在师资、教材、研发等方面为北京市汉语国际推广提供强有力的支撑，成为北京市汉语国际推广的龙头学校。

此外，为进一步提升北京市在汉语国际推广领域的引领作用，确保北京市在国际汉语教学领域的领先地位，建议整合北京市现有各高校（包括市属高校和部属高校）的专家资源，成立“北京市汉语国际传播研究院”，每年由北京市投入经费在汉语国际推广相关领域开展原创性研究和应用产品研发。该研究院不仅可以为北京市汉语国际推广提供决策参考，还可为汉语国际推广相关的出版等产业源源不断地提供研发支持。总之，应该把这个研究院建成中国汉语国际推广的智库。

（三）全面建设国际汉语教学学科，夯实发展基础、增强发展后劲

学科是人才培养、科学研究和服务社会的基础，没有学科支撑，以上三个功能难以实现。在汉语国际推广事业蓬勃发展的今天，与之相适应的学科建设没有跟上其快速发展的脚步。传统的对外汉语教学学科重点关注对来华留学生汉语教学相关的教学和研究问题，但在很大程度上没有看到汉语教学的主体在世界各地这一现实，以至于相关的学科建设工作均明显滞后于实践。

基于以上现实，建议支持北京条件较好的学校开展国际汉语

教学学科建设，夯实发展基础、增强发展后劲，为北京的汉语国际推广事业构筑坚实的学科支撑。为引起各高校重视，建议在北京市重点学科建设计划中列入新兴的“国际汉语教学”，以引领本市国际汉语教学学科建设的相关工作。

（四）成批建设经济适用国际学生公寓，降低北京留学成本，吸引更多国际学生到北京留学

北京留学成本居高不下，严重制约了北京来华留学事业的快速发展。据本课题组的调查，北京各高校接受外国留学生所需硬件资源普遍短缺，主要表现在住宿条件严重不足、教学条件不论在量的方面还是质的方面都不能满足实际需要。因此，建议北京市拨出专项经费支持各高校利用自有土地成批建设经济适用国际学生公寓，为留学生提供经济舒适的生活条件，以降低北京留学成本，吸引更多的国际学生到北京学习。如能实施这一设想，北京市外国留学生增长的空间将十分广阔。此举将为首都的世界城市建设营造更浓郁的国际化氛围。

北京市汉语国际推广现状及发展战略研究报告

Chinese Language Globalization in Beijing

（专题报告）

5

专题报告

现状调研部分分别围绕以下主题展开:

专题一　北京市汉语国际推广机构情况
专题二　北京市中小学汉语国际推广情况
专题三　北京市汉语国际推广相关研究成果
专题四　北京国际汉语教学相关教材出版情况
专题五　北京市汉语国际推广网站情况
专题六　北京举办汉语国际推广高层学术会议情况
专题七　北京市外国留学生留学成本

本课题所调查的汉语国际推广机构主要分为两个部分：一是北京市各高校和中小学承办的海外孔子学院和孔子课堂；二是北京市内的汉语国际推广基地，其中既包括国家汉办所设的汉语国际推广基地，也包括北京市教委所设的汉语国际推广基地。基地又分为设在高校和设在中小学两个层次。

本研究的数据来源于国家汉办官网及北京汉语网。由于孔子课堂中方合作单位资料不全，此处以查找到的115个孔子课堂作为资料，分析孔子课堂的中方合作单位情况。

专题一　北京市汉语国际推广机构情况

本课题所调查的汉语国际推广机构主要分为两个部分：一是北京市各高校和中小学承办的海外孔子学院和孔子课堂；二是北京市内的汉语国际推广基地，其中既包括国家汉办所设的汉语国际推广基地，也包括北京市教委所设的汉语国际推广基地。基地又分为设在高校和设在中小学两个层次。

本研究的数据来源于国家汉办官网及北京汉语网。由于孔子课堂中方合作单位资料不全，此处以查找到的115个孔子课堂作为资料，分析孔子课堂的中方合作单位情况。

（一）孔子学院及孔子课堂

1. 孔子学院的数据分析

截至2010年12月，全球已建立孔子学院322所，分布在96个国家和地区，其中，亚洲30国共81所，非洲16国21所，欧洲31国105所，美洲12国103所，大洋洲2国12所。

据课题组统计，以北京为中方合作单位的孔子学院共90所，其中欧洲41所，美洲29所，亚洲15所，非洲5所。

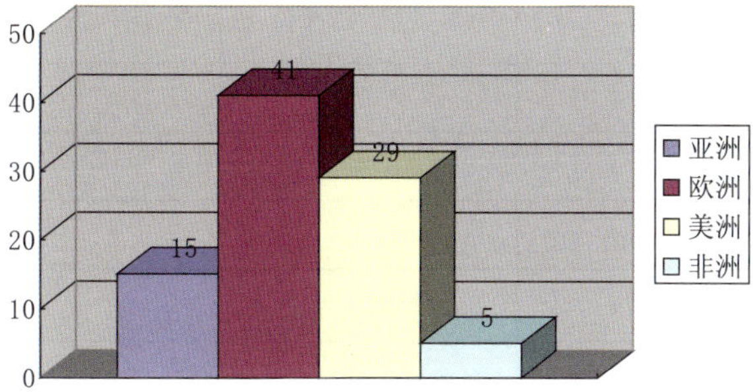

图1－1：以北京为中方合作单位的孔子学院全球分布图

表1－1：北京和上海孔子学院统计

高校名称	数量	高校名称	数量
北京语言大学	18	复旦大学	8
北京外国语大学	16	华东师范大学	6
中国人民大学	11	上海交通大学	5
北京大学	11	上海大学	4
北京师范大学	5	同济大学	3
对外经济贸易大学	5	上海外国语大学	3
首都师范大学	5	上海对外贸易大学	1
北京第二外国语大学	4	上海师范大学	1
国家汉办	3		
中国传媒大学	2		
北京交通大学	1		
北京体育大学	1		
清华大学	1		

中央广播电视大学	1		
中国戏曲学院	1		
北京联合大学	1		
北京航空航天大学	1		
北京工业大学	1		
北京理工大学	1		
华北电力大学	1		

如图1-2所示，从全国范围来看，北京的孔子学院约占全国孔子学院总数的1/3。通过与上海比较发现，以北京高校为合作单位的孔子学院共90家，以上海高校为中方合作单位的31家，北京的孔子学院几乎是上海的三倍。

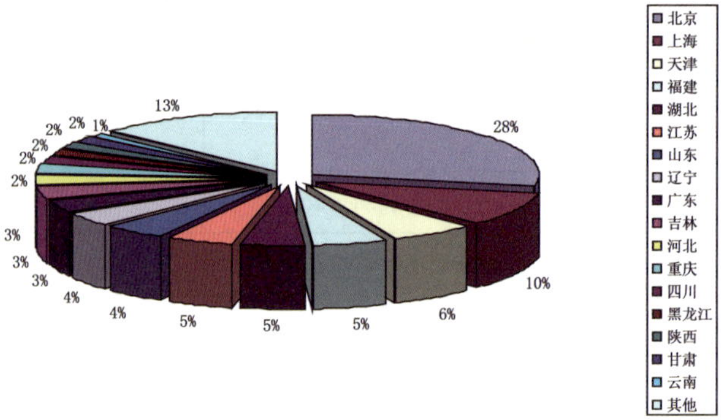

图1-2：孔子学院中方合作单位全国分布图

2. 孔子课堂数据分析

截至2010年12月，世界各国已建立369个孔子课堂，设在34国家，其中，亚洲11国31个，非洲5国5个，欧洲10国82个，美洲

6国240个，大洋洲2国11个。

由于大多数孔子课堂只签订了协议，尚未正式开办，处于建设过程当中，或未确定中方合作单位。因此，课题组以115个已经有明确中方合作单位的孔子课堂作为资料加以分析。

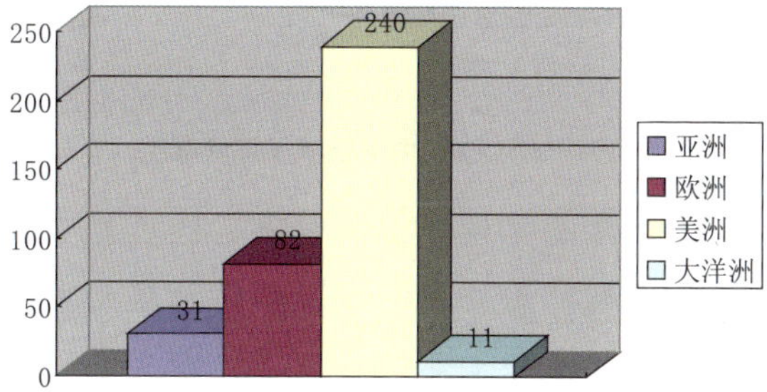

图1－3：孔子课堂全球分布图

表1－2：孔子课堂中方合作单位

省/市/自治区	数量	省/市/自治区	数量	省/市/自治区	数量
北京市	11	上海市	8	云南省	8
江苏省	6	福建省	6	山东省	6
辽宁省	5	重庆市	5	浙江省	4
黑龙江省	4	湖北省	4	陕西省	4
河北省	4	四川省	4	吉林省	3
天津市	3	内蒙古	3	江西省	3
新疆	3	河南省	3	湖南省	3
山西省	2	安徽省	2	海南省	1
广西	1	甘肃省	1		

在所有明确国内合作院校的115个孔子课堂中，与北京中小学合作建设的约占35%，与山东、天津、福建中小学合作建设的孔子课堂数量分别占14%、10%、7%。

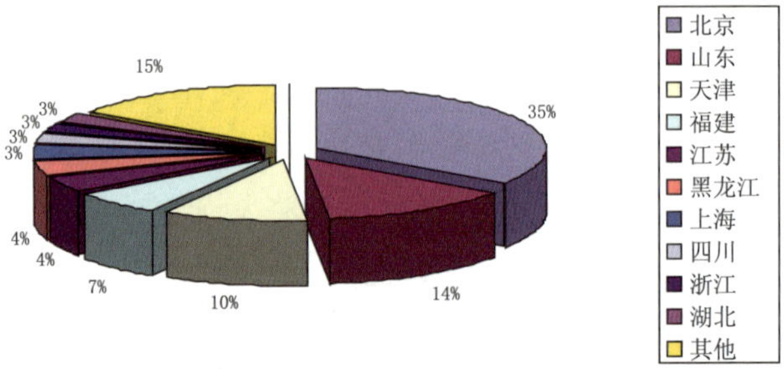

图1—4：北京学校承办孔子课堂统计

总之，在孔子学院建设方面，北京已经占有明显优势，尚有很大的潜力可以挖掘。国外大学一般都愿意跟北京的高校合作，北京有的高校已经与国外十几所高校合作建立了孔子学院，而有的高校却一所都还没建。建议北京市相关部门为合作高校提供一定的经费，鼓励北京高校建立更多的孔子学院。从孔子学院分布来看，以北京高校为合作单位的孔子学院主要分布在欧美亚洲国家，以“世界城市”为建设目标的北京，还应兼顾非洲、大洋洲等区域。

目前与北京合办的孔子课堂并不多，跟北京市可利用的优质中小学资源相比，孔子课堂数量十分有限，尚有很大的发展空间。建议北京政府鼓励中小学开设孔子课堂，对合作建设孔子课堂的中小学给予资金上的支持与帮助。

（二）基地建设

1、国家汉办高校基地

国家汉办在全国高校范围内建立了19个汉语国际推广基地，

分布在十个省、三个直辖市和一个自治区，其中北京市有6个，在所有省、市、自治区基地中数量最多。

表1—3：国家汉办高校汉语推广基地

序号	所在地	基地合作单位	基地名称
1	北京	中国人民大学	中国人民大学汉语国际推广研究所
2	北京	北京师范大学	北京师范大学汉语国际推广新师资培养基地
3	北京	北京大学	北京大学国际汉学家研修基地
4	北京	北京外国语大学	北京外国语大学汉语国际推广多语种基地
5	北京	北京语言大学	北京语言大学国际汉语教学研究基地
6	山东	山东大学	山东大学中华传统文化研究与体验基地
7	福建	厦门大学	厦门人学汉语国际推广南方基地
8	上海	华东师范大学	华东师范大学国际汉语教师研修基地
9	河南	河南教育厅	汉语国际推广少林武术基汉语国际推广少林武术基地
10	新疆	新疆维吾尔自治区	教育厅汉语国际推广中亚基地
11	湖北	武汉大学	武汉大学汉语国际推广教学资源研究与开发基地
12	天津	南开大学	南开大学跨文化交流研究与培训基地
13	广东	中山大学	中山大学国际汉语教材研发与培训基地
14	海南	海南师范大学	海南师范大学东南亚汉语推广师资培训基地
15	辽宁	大连外国语学院	汉语国际推广多语种大连基地
16	东北地区	吉林大学、黑龙江大学	
17	辽宁	辽宁大学、延边大学	汉语国际推广东北基地
18	湖南	湖南省人民政府办公厅 湖南省教育厅 湖南省广播电视台	国际汉语传播湖南基地
19		对外经济贸易大学（与美国国际教育联盟“北京中国学中心”、英国曼彻斯特大学“中国研究中心”合作）	国际商务汉语教学与资源开发基地（北京）
		上海财经大学	国际商务汉语教学与资源开发基地（上海）

北京的五个基地各具特色，有不同的性质和功能：汉语国际推广多语种基地、教材及教学法基地、汉语国际推广新师资培养基地、汉语国际推广研究所、国际汉学家研修基地和国际商务汉语教学与资源开发基地。

2.国家汉办中小学基地

截至2010年国家汉办在全国二十个省、四个直辖市、三个自治区设有汉语国际推广中小学基地共161所，其中北京市有11所，占7%，在所有省、市、自治区中基地中数量最多。

表1—4：国家汉办中小学汉语推广基地

省/市/自治区	数量	省/市/自治区	数量	省/市/自治区	数量
北京市	11	上海市	8	云南省	8
江苏省	6	福建省	6	山东省	6
辽宁省	5	重庆市	5	浙江省	4
黑龙江省	4	湖北省	4	陕西省	4
河北省	4	四川省	4	吉林省	3
天津市	3	内蒙古自治区	3	江西省	3
新疆维吾尔自治区	3	河南省	3	湖南省	3
山西省	2	安徽省	2	海南省	1
广西壮族自治区	1	甘肃省	1		

3.北京市自设基地

为了进一步提升北京市中小学国际汉语教学水平，增进国际汉语教学优势学校间的交流，2011年2月北京市教委确定芳草地国际学校、八十中学、东方德才学校、日坛中学等30所中小

专题报告

学为北京市汉语国际推广基地学校，其中，东城区5所，西城区9所，朝阳区5所，海淀区8所，丰台区、通州区、顺义区各1所。北京自设的30个汉语国际推广基地将积极承办国家和北京市汉语国际推广项目，与国外学校合作举办孔子课堂，参与向国外派出汉语教师和志愿者、对外汉语课程开发与建设、接受汉语国际教育专业学生实习、接受外国师生来校学习汉语、举办外国学生夏（冬）令营等活动。

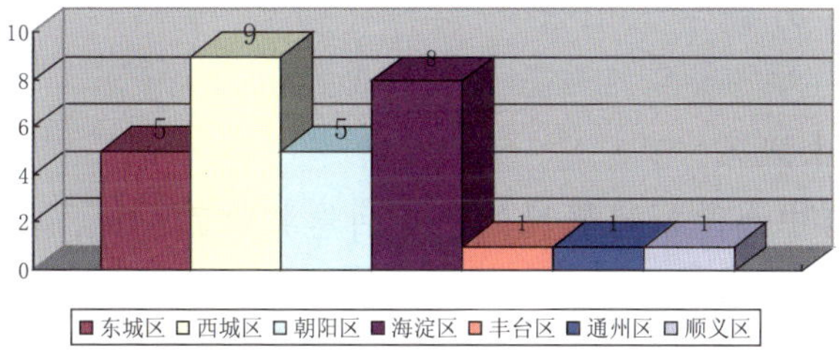

图1—5：北京市各区汉语国际推广基地统计

4、结论

北京自设30个汉语国际推广基地这一举措表明，北京市在汉语国际推广基地建设方面积极主动，走在全国前列，具有相当的战略高度，值得全国其他城市借鉴。

北京市在高校基地建设方面起步较早（第一批8占4），但后续发展速度相对缓慢，数量虽多（19占6），但优势尚未充分挖掘。建议北京市在有条件的高校中择优设立北京市汉语国际推广高校基地。北京市中小学基地在全国107个基地中仅11个，建设亟待加强。北京市应积极鼓励中学生出国学习交流，培养中学生“世界城市”公民意识。同时，北京政府对中小学基地校应给予资金上的支持与帮助。

专题二　北京市中小学汉语国际推广情况

本调查针对北京市中小学外籍学生的招收情况，通过招生概况、生源情况、入学信息、相关数据以及软硬件情况五个方面进行考察。

（一）外籍学生招收

1. 招生概况

北京市中小学招生概况的调查问卷共收回30份，其中25份有效。

表2－1：北京市25所中小学外籍学生招收概况统计表

序号	学校名称	获招收外籍生资格时间（年）	累计招生人数（人）	在校外籍学生人数
1	拔萃双语学校	1992	240	54
2	汇文中学	1992	4 331	75
3	北师大附中	1997	1 130	50
4	中关村一小	2000	80	11
5	天通苑中山实验学校	2000	461	10
6	新英才学校	2000	1 097	
7	十二中	2002	80	12
8	京源学校	2002	118	38
9	十九中	2002	300	70
10	十五中	2002	550	0
11	首师大附中	2002	699	18

12	八十中	2002	1 280	235
13	芳草地国际学校	2002	4 758	744
14	延庆第一职业学校	2003	110	26
15	日坛中学	2003	1 097	138
16	黄庄职业高中	2004	4	1
17	东方德才学校	2004	59	17
18	时代中学	2004	307	9
19	北师大二附中	2004	339	142
20	通州区潞河中学	2004	388	77
21	育才学校	2005	1 180	78
22	十一学校	2006	132	41
23	怀柔一中	2007	184	39
24	四中	2007	694	183
25	北京教育科学院附属实验中学	2009	84	53

2. 获得招受外籍学生资格的年份

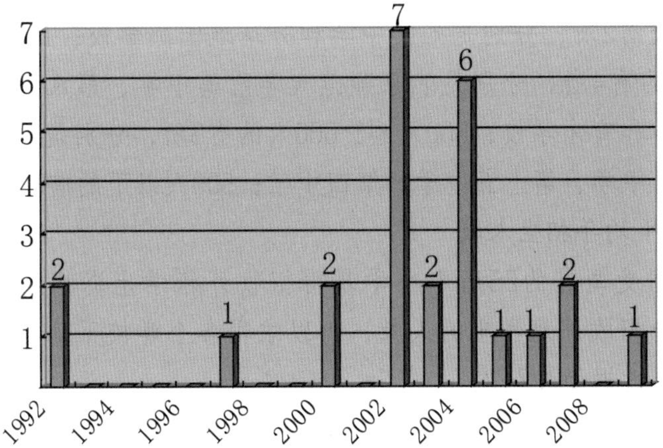

图2—1：北京市25所中小学获得招收外籍学生资格年份分布图

从表2-1可见，获得招收外籍中小学生资格最早的学校有两所，分别是拔萃双语学校和汇文中学。这两所学校早在1992年就获得招生资格，至今分别累计招收240名和4 331名外籍学生。而受调查学校中，最近获得招收外籍学生资格的是北京教育科学院附属实验中学（北大附小），其招生资格于2009年获得。从获得招收外籍中小学生资格的年份来看，2002年和2004年是受调查的各中小学获得招收外籍学生资格比较集中的两个年份，在这两年分别有7所和6所学校获得招生资格。

3. 累计招生人数

累计招生人数最多的当数芳草地国际学校，该校自2002年获得招生资格以来已累计招收了4 758名外籍学生；最少的是北京市黄庄职业高中，2004年至今累计招收4名外籍学生。

从数量区间来看，累计招生人数可分为4 000人以上、1 000人到2 000人和1 000人以下几个规模。累计招生人数在4 000人以上的学校有2所，分别是汇文中学和芳草地国际学校；1 000人到2 000人的有4所，分别是北京师范大学附属中学、第八十中学、日坛中学和育才学校；500人到1 000人的有3所，分别是首都师范大学附属中学、第十五中学和第四中学；500人以下的有15所。

4. 平均年招生人数

根据受调查的25所中小学获得招收外籍学生资格的时间，以及累计招收外籍学生的人数，可以求得各个学校平均年招生人数，所得数据如表2-2：

表2－2：北京市中小学招收外籍学生平均年招生人数统计表

序号	学校名称	平均年招生人数（人）
1	芳草地国际学校	529
2	汇文中学	228
3	育才学校	197
4	第四中学	174
5	第八十中学	142
6	日坛中学	137
7	新英才学校	100
8	北师大附中	81
9	首师大附中	78
10	第十五中学	61
11	通州区潞河中学	55
12	北师大二附中	48
13	怀柔一中	46
14	时代中学	44
15	北京教育科学院附属实验中学	42
16	天通苑中山实验学校	42
17	十九中	33
18	十一学校	26
19	延庆县第一职业学校	14
20	京源学校	13
21	拔萃双语学校	13
22	十二中	9
23	东方德才学校	8
24	中关村一小	7
25	黄庄职业高中	1

芳草地国际学校平均年招生人数最高，为529人，也就是说，自获得招收外籍学生资格以来，该校平均每年招收529名外籍学生。其次是汇文中学、育才学校、第四中学、第八十中学和日坛中学，同芳草地国际学校一样，这5所学校每年平均的招生规模都在100人以上。

5. 目前在校的外籍学生人数

在校外籍学生人数反映了该校最近一年的招生状况，从表2—1所列数据中可以看出，当前在校外籍学生人数最多的同样是芳草地国际学校，人数在100人以上的学校共有5所，除芳草地国际学校外，依次为八十中学、第四中学、北师大第二附中和日坛中学，这5所学校的在校外籍学生人数分别为744人、235人、183人、142人和138人。

6. 生源情况

针对北京市中小学自获得招收外籍学生资格以来累计招收各大洲学生数量的调查，共收到21份有效问卷，具体结果如表2-3所示：

表2—3：北京市中小学外籍生源情况统计表

序号	学校名称	亚洲	欧洲	北美洲	南美洲	非洲	大洋洲
1	汇文中学	4 072	116	61	40	–	42
2	育才学校	1 094	48	29	6	2	2
3	日坛中学	1 053	23	18	3	1	2
4	北师大附中	1 052	30	35	5	–	8
5	第八十中学	760	105	371	7	2	35

6	第四中学	568	18	81	9	1	17
7	第十五中学	544	5	1	–	–	–
8	通州区潞河中学	373	9	4	2	–	–
9	北师大第二附中	310	8	9	4	5	3
10	时代中学	295	8	1	–	–	3
11	芳草地国际学校	253	112	310	19	7	39
12	第十九中学	250	31	5	5	9	–
13	天通苑中山实验学校	230	14	16	–	4	7
14	怀柔区第一中学	184	–	–	–	–	–
15	十一学校	122	2	7	1	0	0
16	延庆县第一职业学校	89	12	9	–	–	–
17	北京教育科学院附属实验中学	84	0	0	0	0	0
18	第十二中学	70	5	4	–	–	1
19	东方德才学校	53	–	5	1	–	–
20	拔萃双语学校	42	10	2	–	–	–
21	黄庄职业高中	3	–	–	–	–	–
合计：	13 317	11 501	556	968	102	31	159

各校自获得招收外籍学生资格以来，累计招收的亚洲生源数量最多，达到了11 501人；其次是北美洲，为968人；再次是欧洲，556人；然后是大洋洲的159人和南美洲的102人；最少是非洲的31人。

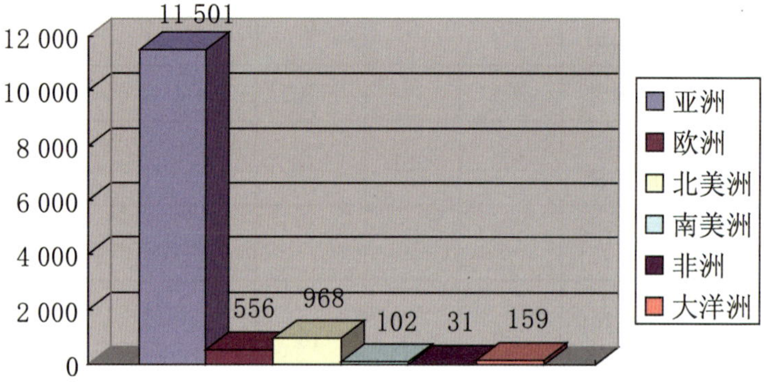

图2—2：北京市中小学外籍学生各大洲生源分布图

以受调查的21所中小学为代表的北京市中小学，在招收外籍学生时以亚洲学生为绝对主体；北美洲生源的学生数量虽然位居第二，但不及亚洲学生数量的十分之一；排在第三位的欧洲学生数量仅约为北美洲学生数量的二分之一；而欧洲学生数量又是大洋洲学生数量3倍以上。

7. 就读相关规定

针对在北京市各中小学办理就读的留学生的相关信息（包括入学要求、学费和学制），共收到24份有效问卷，具体结果如表2-4所示：

表2－4：北京市中小学就读相关规定信息表

序号	学校名称	入学要求说明	学费（元/学年）	学制
1	怀柔一中	中学毕业证书	50 000	3
2	汇文中学	–	50 000	3+3
3	北师大附中	毕业证书、成绩单、HSK证书、笔试、面试	48 000/42 000/35 000	3+3
4	首师大附中	HSK5级、小学毕业证书	41 600	3
5	第八十中学	小学毕业证书、初中毕业证书	40 000	3
6	第十五中学	以往成绩单和入学考试	40 000	3
7	第四中学	升初中要小学毕业证书	40 000	3
8	通州区潞河中学	小学毕业，品行端正	36 800	3+3
9	日坛中学	HSK4级、原学校证明 入学考试合格	34 000	3
10	第十九中学	小学或初中毕业证书、身体健康、家庭和个人无违法记录	32 000	3+3
11	十一学校	HSK4级、小学毕业证书	30 000	3
12	时代中学	小学毕业以上学历	30 000	3
13	育才学校	HSK3级、小学毕业证书	30 000	3
14	黄庄职高	HSK4级、小学毕业证书	30 000	3
15	天通苑中山实验学校	初中生：HSK3级、小学毕业证书；已停招高中生	26 000（小学） 30 000（中学）	6+3
16	拔萃双语学校	在校证明、一年成绩证明	15 000（小学） 20 000（中学）	6+3
17	十二中	毕业证书和入学考试	12 640	3
18	东方德才学校	HSK4级、小学毕业证书	12 000	3
19	京源学校	–	6 000（小学） 9 200（初中） 12 000（高中）	–
20	延庆第一职业学校	生源不一样，要求不一样	10 000（住校）	1
21	北京教育科学院附属实验中学	小学毕业证书	9 200	3
22	中关村一小	1原学校证明 2入学考试合格3.学生及父母均持有外籍护照4.学生家庭属当地合法居民，无不良记录	8 000	3+3
23	芳草地国际学校	外籍，6–12岁	3 000	3+3
24	北师大二附中	英语SLEP45分以上	–	3、4

北京市中小学对外籍学生的入学要求各不相同，具体要求主要涉及标准化语言水平测试、学历证书、成绩单以及入学考试几个方面。

对语言水平有要求的学校主要有：北京师范大学附属中学、日坛中学、育才学校、首都师范大学附属中学、黄庄职业高中、十一学校、天通苑中山实验学校、东方德才学校以及北京师范大学第二附属中学共9所学校。其中只有北京师范大学第二附中要求的标准化语言水平测试成绩为英语SLEP 45分以上，其余8所学校在语言方面的要求则均是针对HSK的。

各中学对学历证书的要求则比较严格，对此有要求的学校包括：怀柔区第一中学、北京师范大学附属中学、首都师范大学附属中学、十一学校、第八十中学、第四中学、通州区潞河中学、北京市第十九中学、时代中学、育才学校、黄庄职业高中、天通苑中山实验学校、北京教育科学院附属实验中学（北大附小）、第十二中学和东方德才学校，共15所。

申请入学需要成绩单的学校则相对较少，包括北京师范大学附属中学、第十五中学、拔萃双语学校3所学校。

申请入学须参加入学考试的学校则包括北京师范大学附属中学、第十五中学、日坛中学、第十二中学和中关村第一小学5所学校。

值得一提的是招生规模最大的芳草地国际学校，该校对外籍学生入学的条件放得最宽，只需年龄在6-12岁之间即可。

从学费方面来看，根据23所学校所提供的学费数据，学费水平可大体划分为40 000元以上、30 000元至40 000元和20 000元以下三个区间，各区间的学校数量情况如图2-3所示：

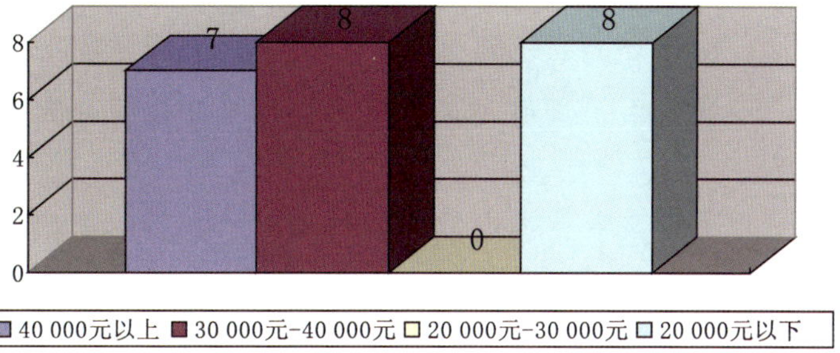

图2—3：北京市中小学外籍学生学费情况统计

处在40 000元以上区间的学校图2-3有7所，分别是怀柔区第一中学（50 000元/年）、汇文中学（50 000元/年）、北京师范大学附属中学（48 000、42 000、35 000元/年）、首都师范大学附属中学（41 600元/年）、第八十中学（40 000元/年）、第十五中学（40 000元/年）和第四中学（40 000元/年）。

处在30 000元至40 000元区间的学校有8所，分别是通州区潞河中学（36 800元/年）、日坛中学（34 000元/年）、第十九中学（32 000元/年）、时代中学（30 000元/年）、育才学校（30 000元/年）、黄庄职业高中（30 000元/年）、十一学校（30 000元/年）和天通苑中山实验学校（小学26 000、中学30 000元/年）。

年收费在20 000元以下的学校共8所，分别为拔萃双语学校（15 000〈小学〉20 000〈中学〉元/年）、第十二中学（12 640元/年）、东方德才学校（12 000元/年）、京源学校（小学6 000、初中9 200、高中12 000元/年）、延庆县第一职业学校（10 000元/年）、北京教育科学院附属实验中学（北大附小）(9 200元/年）、

专题报告

中关村第一小学（8 000 元/年）和芳草地国际学校（3 000 元/年）。

可见，受调查的23所学校中，大部分学校的学费在30 000元/年以上，这反映出了目前北京市中小学招收外籍学生的整体收费标准状况。

从学制方面来看，各个学校对待外籍学生和中国学生并没有明显的区别，一般仍采用小学6年、初中3年、高中3年的学制。只有延庆县第一职业学校的学制较为特别，其学制为1年；此外北京师范大学第二附属中学的学制存在3年、4年两种情况。

8. 硬件设施情况

教学、生活设施情况主要包括是否有网络教学平台、教室数量、宿舍房间数量、宿舍床位数量以及宿舍床位使用率。针对北京市各中小学的软硬件情况的调查，共收回有效问卷24份，这些学校的软硬件情况详见表2-5：

表2－5：北京市中小学软硬件情况统计表

序号	学校名称	有无网络教学平台	教室数量	宿舍房间数量	宿舍床位数量	宿舍床位使用率
1	芳草地国际学校	有	36	0	0	0
2	中关村第一小学	有	31	8	24	0
3	北京教育科学院附属实验中学	无	30	–	–	–
4	通州区潞河中学	有	14	72	144	0.51
5	第四中学	有	13	59	118	0.95
6	怀柔区第一中学	有	12	54	108	0.6
7	汇文中学	无	12	–	300	0.2
8	日坛中学	有	10	78	240	0.3

9	第八十中学	无	10	60	120	0.8
10	第十五中学	有	10	50	100	本学期无学生
序号	学校名称	有无网络教学平台	教室数量	宿舍房间数量	宿舍床位数量	宿舍床位使用率
11	育才学校	有	10	36	72	0.6
12	延庆县第一职业学校	–	10	10	40	0.5
13	时代中学	有	8	46	92	最高曾达80%，本学期11%
14	拔萃双语学校	无	8	40	100	0.5
15	北京师范大学附属中学	无	8	28	61	0.36
16	京源学校	有	6	23	46	0.8
17	十一学校	无	6	40	80	0.75
18	首都师范大学附属中学	有	5	7	28	0.6
19	第十九中学	有	4	19	38	0.3
20	东方德才学校	有	1	0	10	0
21	第十二中学	有	1	0	0	0
22	天通苑中山实验学校	有	0	2	8	0.5
23	黄庄职业高中	有	0	0	10	0.5
24	北京师范大学第二附属中学	有	–	–	–	–

在网络教学平台建设方面，以上24所学校中，提供网络教学平台的学校共23所，这23所学校的网络教学平台建设情况如图2-4所示：

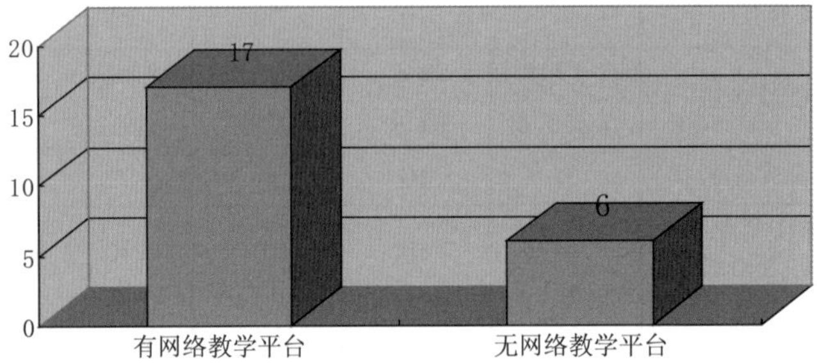

图2—4： 北京市中小学网络教学平台建设情况

由图2-4可看出，在受调查的23所中小学中，有网络教学平台的学校共17所，没有网络教学平台的学校共6所。这6所学校分别是汇文中学、第八十中学、北京教育科学院附属实验中学（北大附小）、十一学校、拔萃双语学校和北京师范大学附属中学。

值得注意的是，这6所学校获得招收外籍学生资格的年份不是较早就是较晚。其中的3所学校是获得该资格最早的3所学校，其次是北京市第八十中学也在2002年就获得了该资格，而另外两所学校获得该资格的时间较晚，分别在2006年和2009年获得该资格。而2002-2005年获得该资格的17学校已全部建立了网络教学平台。这在一定程度上说明，北京市早期招收外籍学生的中小学可能受到当时各种因素的影响和限制，在教学技术更新换代之际，并没有及时地进行教学技术更新；而最近开始招收外籍学生的中小学则可能由于起步不久，使得教学技术所依托的多媒体及网络设备未能及时配置。

此外，这6所学校在累计招收外籍学生数量方面也位居前列，如果能够在教学技术更新方面有所改进，无疑对于进一步扩大生源、提高教学质量有重要意义。

在教室数量方面，针对外籍学生上课使用的教室数量的调查，反馈了有效数据的学校有21所。其中教室最多的是芳草地国际学校，有36间，排在第二、第三位则是中关村第一小学和北京教育科学院附属实验中学（北大附小），这两所学校的教室数量分别为31间和30间。而前三所学校的教室数量均大大多于排在之后的学校，排在第四位的北京市通州区潞河中学，教室数量不及北京教育科学院附属实验中学（北大附小）的一半。以当前在校外籍学生人数除以教室数，可以求得平均每个教室所容纳的外籍学生数量。统计结果如表2-6所示：

表2—6：北京市中小学教室信息统计表

序号	学校名称	教室数量	人/间
1	第八十中学	10	23.50
2	芳草地国际学校	36	20.67
3	第十九中学	4	17.50
4	东方德才学校	1	17.00
5	第四中学	13	14.08
6	日坛中学	6	13.80

7	第十二中学	1	12.00
8	育才学校	10	7.80
9	十一学校	8	6.83
10	拔萃双语学校	8	6.75
11	京源学校	6	6.33
12	汇文中学	12	6.25
13	北师大附中	8	6.25
14	潞河中学	10	5.50
15	首师大附中学	0	3.60
16	怀柔一中	12	3.25
17	延庆县第一职业学校	10	2.60
18	北京教育科学院附属实验中学	30	1.77
19	时代中学	5	1.13
20	中关一小	31	0.35
21	第十五中学	10	0.00
22	天通苑中山实验学校	14	–
23	黄庄职业高中	0	–
24	北师大二附中	–	–

从表2-6可见，第八十中学人数和教室数之比最高，为23.5人/间，其次是芳草地国际学校。其他学校教室则相对充裕。第十五中学由于2011年宿舍整修，未招收留学生，故该比值为0。

从住宿方面来看，经由表2-5中宿舍床位数量除以宿舍房间数量，得出每间宿舍的床位数量，可以发现，各个学校对于外籍学生的住宿条件基本提供的是2人间，只有拔萃学校、延庆县第一职业学校（第六中学）和天通苑中山实验学校3所学校平均每间宿舍住的人数较多，分别是2或3人/间、4人/间和4人/间。

而从表2-5中宿舍床位使用率上来看，提供有效数据的学校共15所，其平均的宿舍床位使用率为0.49，空床位较多。这反映出这些学校在对外籍学生的住宿安排方面预留有较大的空间，宿舍充裕。但住宿条件并非仅由宿舍数量及床位使用率来反映，其他配套硬件设施有待进一步深入考察。

9. 其他相关数据

其他相关数据主要包括在校外籍学生人数、语言生数量和学历生数量。有效问卷共22份，相关数据如表2-7所示：

表2—7：北京市中小学其他相关数据统计表

序号	学校名称	语言生数量	学历生数量
1	芳草地国际学校	0	744
2	第八十中学	24	211
3	第四中学	17	166

4	日坛中学	38	100
5	育才学校	15	63
6	通州区潞河中学	0	48
7	汇文中学	10	65
8	第十九中学	12	58
9	拔萃双语学校	19	35
10	北京师范大学附属中学	2	48
11	怀柔区第一中学	0	39
12	京源学校	2	36
13	黄庄职业高中	5	25
14	延庆县第一职业学校	8	18
15	东方德才学校	0	17
16	第十二中学	0	12
17	天通苑中山实验学校	0	10
18	时代中学	0	9
19	十一学校	10	31
20	首都师范大学附属中学	4	14
21	北京教育科学院附属实验中学（北大附小）	0	53
22	中关村第一小学	2	9
合计		168	1 811

受调查的22所中小学全部招收学历生，但其中8所学校（芳草地国际学校、通州区潞河中学、怀柔区第一中学、东方德才学校、第十二中学、天通苑中山实验学校、时代中学、北京教育科学院附属实验中学）不招收语言生。这22所中小学学历生总数占全部外籍学生人数的91.5%，语言生仅占8.5%。

（二）北京市中小学外籍学生满意度

本调查从学校使用的教材（包括教材的难易度、趣味性和实用性）、课堂教学（包括课堂教学的难易度和实用性）、从业教师（包括教师的教学态度、教学水平及教学内容）和其他（包括住宿、签证办理和教学环境）四个方面入手，对学生的满意度进行了统计分析。满意度分值设定为1至5分，5分为很满意，4分为满意，3分为基本满意，2分为不满意，1分为很不满意。每所学校的最终得分，将按照该校学生评出的分数，计算出相应的平均值，并四舍五入为一个整数。

1. 教材满意度

抽样调查中的有效问卷共28份，问卷结果如表2-8：

表2—8：北京市中小学教材满意度统计表

序号	学校名称	教材难易度	教材趣味性	教材实用性
1	十五中学	5	3	4
2	拔萃双语学校	5	5	5
3	汇文中学	5	3	3

4	东方德才学校	5	3	4
5	首都师范大学附属中学	5	3	4
6	十一学校	5	3	3
7	中关村一小	4	4	4
8	芳草地国际学校	4	4	5
9	北师大附属中学	4	3	4
10	日坛中学	4	4	4
11	延庆县第一职业学校	4	4	5
12	时代中学	4	3	4
13	天通苑中山实验学校	4	5	5
14	怀柔一中	4	3	5
15	十二中	4	2	3
16	十九中（高三）	4	3	4
17	育才学校	4	4	4

18	四中	4	4	4
19	理工大学附属中学	4	3	3
20	新英才学校	4	4	4
21	国际艺术学校	4	4	4
22	通州区潞河中学	4	4	4
23	八十中	4	2	3
24	北京教育科学院附属实验中学	4	3	4
25	十九中（语言班）	3	3	4
26	京源学校	3	3	3
27	北京师范大学第二附属中学	3	3	3
28	黄庄职业高中	3	3	5
平均分		4.07	3.39	3.96

在学校所用教材的难易度方面，28所学校中7所学校（第十五中学、拔萃双语学校、汇文中学、东方德才学校、首都师范大学附属中学、十一学校、中关村第一小学）的学生对此感到“很满意”；18所学校的学生表示“满意”；4所学校（第十九中学〈语言班〉、京源学校、北京师范大学第二附属中学、黄庄职业高中）的学生感到“基本满意”。从所占的比例来看，学生对教材的难易度“很满意”的占24.14%；“满意”的占62.07%；“基本满意”的占13.79%。

在学校所用教材的趣味性方面，28所学校中2所学校（天通苑中山实验学校、拔萃双语学校）的学生感到“很满意”；9所学校的学生感到“满意”；16所学校的学生感到“基本满意”； 2所学校（第八十中学、第十二中学）的学生感到“不满意”。从所占的比例来看，学生对教材的趣味性“很满意”的占6.90%；“满意”的占31.03%；“基本满意”的占55.17%；“不满意”的占6.90%。

在学校所用教材的实用性方面，28所学校中，6所学校的学生对教材的实用性“很满意”；16所学校的学生感到“满意”；7所学校的学生感到“基本满意”，没有学生对此感到“不满意”。从所占的比例来看，学生对教材的实用性“很满意”的占20.69%；“满意”的占55.17%；“基本满意”的占24.14%。

教材满意度整体分析如下：

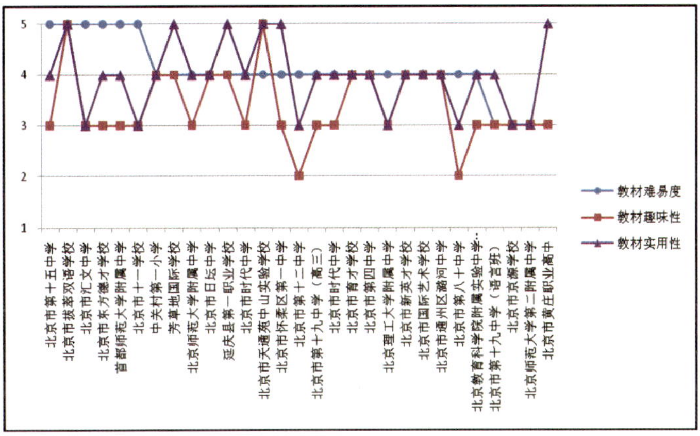

图2—5：学生对教材的满意度折线图

从图2-5可以明显看出，就波动幅度而言，对教材趣味性的评价无疑是波动性最大的，其曲线的最高值和最低值之间最大相差4分，教材实用性和教材难易度曲线则波动相对较小。

表2—9：北京市中小学外籍生教材满意度分类统计表

	很满意	满意	基本满意	不满意	很不满意
教材难易度	7所	18所	4所	–	–
教材趣味性	2所	9所	16所	2所	–
教材实用性	6所	16所	7所	–	–

以上满意度分类统计表显示：就整体的满意度来看，对教材难易度和实用性的满意度要明显高于教材趣味性。

这两个方面都显示出，以28所中小学为代表的北京市中小学，在选用教材的问题上基本得到了本校学生的认可，但教材的趣味性却成为了“短板”。和教材难易度以及实用性相比，部分学校的学生对所使用教材趣味性的评价不尽如人意。

2. 课堂教学满意度

北京市中小学外籍学生对于课堂教学的满意度，主要从课堂教学难易度和课堂教学实用性两个方面来考察。共收回28份有效问卷，问卷统计结果如下：

表2－10：北京市中小学课堂教学满意度统计表

序号	学校名称	课堂教学难易度	课堂教学实用性
1	第十五中学	5	3
2	拔萃双语学校	5	4
3	汇文中学	5	3
4	东方德才学校	5	3
5	芳草地国际学校	5	5
6	首都师范大学附属中学	5	5
7	第十九中学（高三）	4	4
8	北京师范大学附属中学	4	4
9	国际艺术学校	4	4

10	时代中学	4	4
11	延庆县第一职业学校	4	5
12	天通苑中山实验学校	4	5
13	怀柔区第一中学	4	5
14	第十二中学	4	3
15	育才学校	4	4
16	理工大学附属中学	4	3
17	新英才学校	4	5
18	日坛中学	4	4
19	第十九中学（语言班）	4	4
20	第四中学	4	5
21	通州区潞河中学	4	4
22	中关村第一小学	4	4
23	北京教育科学院附属实验中学	4	5
24	第八十中学	3	3
25	京源学校	3	4
26	北京师范大学第二附属中学	3	4
27	十一学校	3	4
28	黄庄职业高中	2	5
平均分		4	4.11

将表中数据以柱状图列出如下，其中蓝色柱体表示课堂教学难易度，红色柱体表示课堂教学实用性：

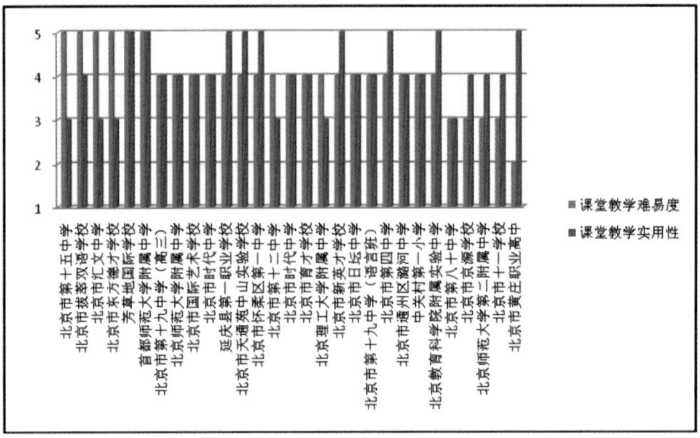

图2—6：北京市中小学课堂教学满意度柱状图

在课堂教学的难易度方面，28所学校中，6所学校的学生对所在学校的课堂教学难易度感到“很满意”；18所学校的学生感到“满意”；4所学校的学生感到“基本满意”；1所学校的学生感到“不满意”。从百分比来看，学生对课堂教学难易度“很满意”的占20.69%；“满意”的占62.07%；“基本满意”的占13.79%；“不满意”的占3.44%。

在课堂教学的实用性方面，28所学校中，9所学校的学生对所在学校的课堂教学实用性感到“很满意”；14所学校的学生感到“满意”；6所学校的学生表示“基本满意”，没有学生对此不满意。从百分比来看，学生对课堂教学实用性感到“很满意”的占

31.03%；“满意 ”的占48.28%；“基本满意”的占20.69%。

在28所学校中，所得综合评分最高的学校，学生对两方面的满意度都达到5分；而所得评分最低的学校在两方面的评分都仅为3分；此外，有的学校在课堂教学的难易度方面的所得评分很低，仅为2分，但其课堂教学的实用性却获得了5分的高分，较为值得关注。

整体来讲，北京市中小学外籍学生对所在学校课堂教学的难易度和实用性两个方面总体评分较高，平均达到4分以上。但也有个别学校的外籍学生对学校课堂教学难易度存在意见。这也提醒各中小学在注重课堂教学实用性的同时，需要把握好难易度，从而取得更好的课堂教学效果。

3. 对从业教师的满意度方面

北京市中小学外籍学生对于从业教师的满意度，主要从教师的教学态度、教学水平以及教学内容三个方面来考察。共收回28份有效问卷，统计结果如下：

表2—11：北京市中小学外籍学生对教师满意度统计表

序号	学校名称	教师教学态度	教师教学水平	教师教学内容
1	第十五中学	5	4	4
2	天通苑中山实验学校	5	5	5
3	怀柔区第一中学	5	5	5
4	拔萃双语学校	5	5	5
5	汇文中学	5	5	4
6	第十二中学	5	5	4

7	东方德才学校	5	4	4
8	育才学校	5	4	4
9	新英才学校	5	4	4
10	黄庄职业高中	5	5	4
11	芳草地国际学校	5	5	4
12	第四中学	5	4	4
13	延庆县第一职业学校	5	5	4
14	十一学校	5	5	4
15	北京教育科学院附属实验中学（北大附小）	5	4	4
16	首都师范大学附属中学	5	5	5
17	第十九中学（高三）	4	4	4
18	日坛中学	4	4	4
19	国际艺术学校	4	4	4
20	通州区潞河中学	4	4	4
21	北京师范大学附属中学	4	4	4
22	第八十中学	4	4	3
23	京源学校	4	4	4
24	时代中学	4	4	4
25	北京师范大学第二附属中学	4	4	4
26	理工大学附属中学	4	4	4
27	中关村第一小学	4	4	4
28	第十九中学（语言班）	4	4	4
平均分		4.57	4.36	4.11

将表2-11中数据以折线图表示如下：

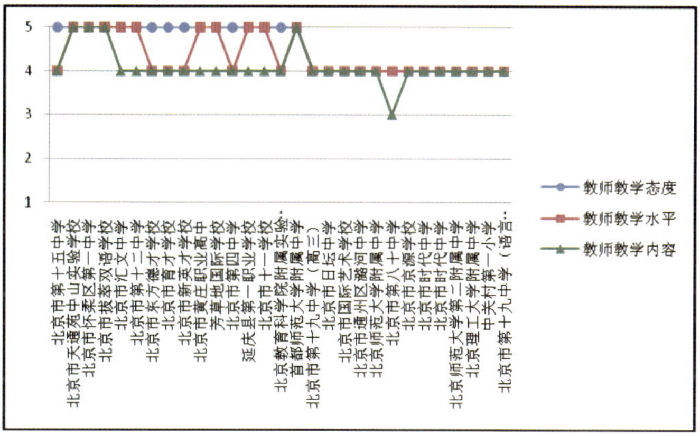

图2—7：北京市28所中小学外籍学生对从业教师的满意度折线图

对从业教师教学态度统计数据如表2-12

表2—13：北京市中小学住宿、签证及教学环境满意度统计表

序号	学校名称	住宿	签证	教学环境
1	天通苑中山实验学校	5	5	5
2	怀柔一中	5	5	5
3	汇文中学	5	4	5
4	四中	5	5	4
5	十九中（高三）	5	5	4
6	京源学校	5	4	3

7	十一学校	5	5	5
8	首都师大附中	5	5	5
9	拔萃双语学校	4	5	5
10	育才学校	4	5	5
11	延庆第一职业学校	4	5	4
12	通州潞河中学	4	4	4
13	日坛中学	4	4	4
14	十二中学	3	5	5
15	时代中学	3	5	4
16	国际艺术学校	3	5	4
17	新英才学校	3	5	4
18	黄庄职业高中	3	3	4
19	十九中（语言班）	3	4	4
20	北师大附中	3	4	4
21	北师范第二附	3	3	3
22	八十中	3	4	3
23	十五中	3	4	2
24	东方德才学校	–	4	4
25	北京理工大学附中	–	4	3
26	中关村一小	–	4	4
27	芳草地国际学校	–	–	5
28	北京教育科学院附属实验中学（北大附小）	–	5	4
平均分		3.91	4.4	4.11

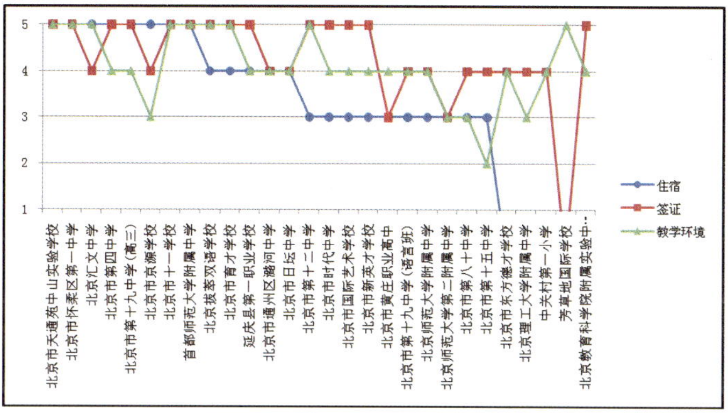

图2—8：北京市中小学住宿、签证及教学环境满意度折线图

从三个方面整体分析，北京市中小学外籍学生对所在学校的宿舍、签证办理和教学环境感到满意。但在住宿和教学环境方面，满意度明显低于签证办理，且不同学校的满意度差别较大。

表2—14：北京市中小学住宿、签证办理及教学环境满意度分析表

	很满意	满意	基本满意	不满意	很不满意
住宿	27.59%	17.24%	37.93%	–	–
签证办理	51.72%	37.93%	6.90%	–	–
教学环境	31.03%	51.72%	13.79%	3.45%	–

（四）北京市中小学师资概况

本调查面向北京市具有外籍生招收资格的98所中小学发放调查问卷，涉及教师性别、职称、学历、专业、年龄等情况。收回问卷30份，有效问卷共24份。详细数据如下：

序号	学校名称	类别	对外汉语教师人数	全校教师总数	对外汉语教师比重(%)
1	新英才学校	中学	56	210	26.67
2	日坛中学	中学	36	210	17.14
3	芳草地国际学校	小学	58	384	15.10
4	时代中学	中学	9	74	12.16
5	黄庄职业高中	中学	13	113	11.50
6	北师大二附中	中学	17	154	11.04
7	汇文中学	中学	18	180	10.00
8	八十中	中学	33	340	9.71
9	中关村一小	小学	24	300	8.00
10	怀柔一中	中学	19	243	7.82
11	首师大附中	中学	15	200	7.50
12	潞河中学	中学	21	360	6.02
13	十五中	中学	10	166	5.83

14	京源学校	中小学	15	265	5.66
15	北师大附中	中学	11	197	5.58
16	育才学校	中小学	19	432	4.40
17	回民学校	中学	6	170	4.30
18	延庆第一职业学校	中学	12	279	3.53
19	十九中	中学	5	235	2.13
20	东方德才学校	中小学	5	265	1.89
21	天通苑中山实验学校	中小学	1	67	1.49
22	四中	中学	3	209	1.44
23	十一学校	中学	4	383	1.04
24	十二中	中学	2	404	0.50

1. 北京市中小学中对外汉语教师人数及所占比例

将24所中小学对外汉语教师在全部教师中的比例按从高到低的顺序以柱状图表示如下：

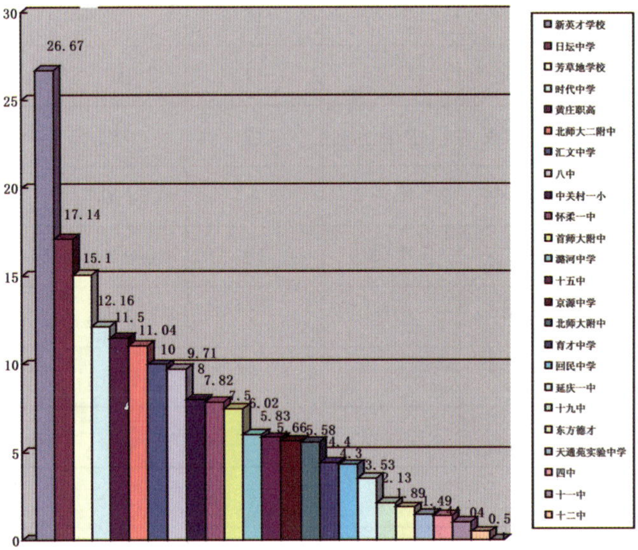

图2—8：北京市24所中小学对外汉语教师所占比例对比图

以上数据显示，对外汉语教师数量在全部教师数量中所占比例最高的学校中，对外汉语教师数量占到全部教师数量的26.67%。而在所占比例最低的学校中，对外汉语教师数量仅占全部教师数量的0.50%。24所学校中，17所学校的对外汉语教师数量不到全部教师数量的10%。将24所中小学对外汉语教师的绝对数量按照从高到低的顺序，以柱状图表示如下：

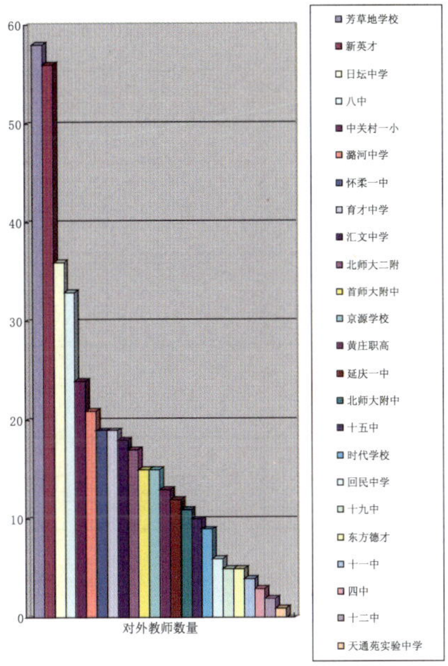

图2—9：北京市24所中小学对外汉语教师数量对比图

从柱状图可以看出，在受调查的24所学校中，对外汉语教师绝对数量最多的是芳草地国际学校，达到58人；其次是新英才学校，达到56人；对外汉语教师绝对数量最少的是天通苑中山实验学校，仅1人。此外值得注意的是，芳草地国际学校、新英才学校、日坛中学、第八十中学和中关村第一小学5所学校的对外汉语教师数量，就占到了全部24所学校对外汉语教师总数的50.24%。

3. 北京市中小学对外汉语教师性别情况

关于对外汉语教师的性别信息，共有22份有效问卷。所获的详细数据如下：

表3－2：北京市中小学对外汉语教师性别统计表

序号	学校名称	男性人数	女性人数	男性人数/女性人数	很不满意
1	回民学校	0	6	0.00	–
2	四中	0	3	0.00	–
3	汇文中学	2	16	0.13	–
4	芳草地国际学校	8	50	0.16	
5	通州区潞河中学	3	18	0.17	
6	北师大学二附中	3	14	0.21	
7	十五中	2	8	0.25	
8	北京教育科学院附属实验中学	11	40	0.28	
9	时代中学	2	7	0.29	
10	日坛中学	8	27	0.30	
11	延庆第一职业学校	3	9	0.33	
12	十一学校	1	3	0.33	

13	中关村一小	6	18	0.33	
14	育才学校	5	14	0.36	
15	北师大附中	3	8	0.38	
16	八十中	10	23	0.43	
17	黄庄 职业高中	4	9	0.44	
18	京源学校	5	10	0.50	
19	新英才学校	20	36	0.56	
20	怀柔一中	8	11	0.73	
21	十二中	1	1	1.00	
22	十九中	3	2	1.50	
合计	108	333	0.32		

问卷反馈显示，接受调查的北京市中小学在对外汉语教师性别数量方面呈现出女多男少的状况。其中2所学校没有男性对外汉语教师，分别是回民学校和第四中学。其余学校的对外汉语教师中，男性和女性人数比最小的是汇文中学，该学校男性对外汉语教师数量仅为女性对外汉语教师数量的1/8。22所学校中，只有1所学校（第十九中学）的男性对外汉语教师人数高于女性对外汉语教师人数，数量上也只有1人的差距。从总数上来看，女性教师共计333人，男性教师共计108人，这22所学校中男性教师数量平均仅为女性教师数量的32%。为使对比更为直观，现将22所学校中对外汉语教师的男女数量情况以饼状图展示如下：

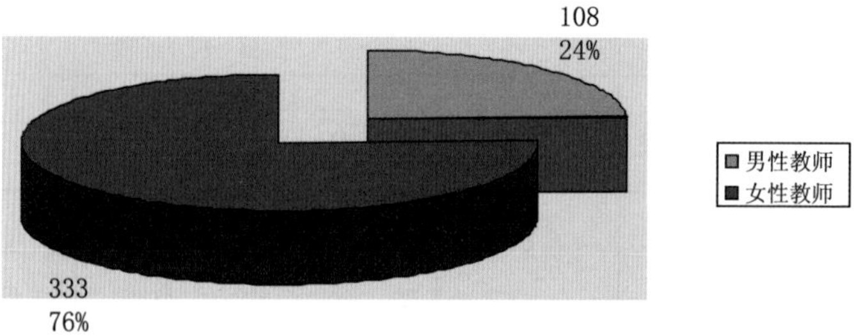

图2—10：北京市22所中小学对外汉语教师性别对比图

从该图我们可以明确看出在以受调查的22所学校为代表，北京市中小学对外汉语教师呈现出女多男少的状况。其中女性对外汉语教师占全部对外汉语教师总数的76%，男性对外汉语教师则仅占总数的24%。

4. 北京市中小学对外汉语教师职称情况

关于对外汉语教师的职称信息，共有19份有效问卷。所获的详细数据如下：

……………………

序号	学校名称	中教二级	中教一级	中教高级	中教特级	小教二级	小教一级	小教高级	小教特级
1	日坛中学	t27	5	3	1	1	0	0	0
2	新英才学校	27	5	3	1	1	0	0	0
3	汇文中学	11	4	3	0	0	0	0	0
4	通州潞河中学	11	7	3	0	0	0	0	0
5	育才学校	11	5	3	0	0	0	0	0
6	八十中	10	6	2	1	0	0	0	0
7	怀柔一中	8	6	2	0	0	0	0	0
8	京源学校	5	3	2	0	0	2	3	0
9	延庆第一职校	5	3	5	0	0	0	0	0
10	黄庄职高	3	7	3	0	0	0	0	0
11	回民学校	2	4	0	0	0	0	0	0
12	北师大附中	2	6	3	0	0	0	0	0
13	十五中	2	3	5	0	0	0	0	0
14	十二中	1	0	1	0	0	0	0	0
15	十九中	1	0	2	0	0	0	0	0
16	四中	1	2	0	0	0	0	0	0
17	芳草地国际学校	0	2	1	0	0	25	28	0
18	北师大二附	0	1	0	0	0	0	0	0
19	时代中学	0	4	1	0	0	0	0	0
总计	127	73	42	3	2	27	31	0	

专题报告

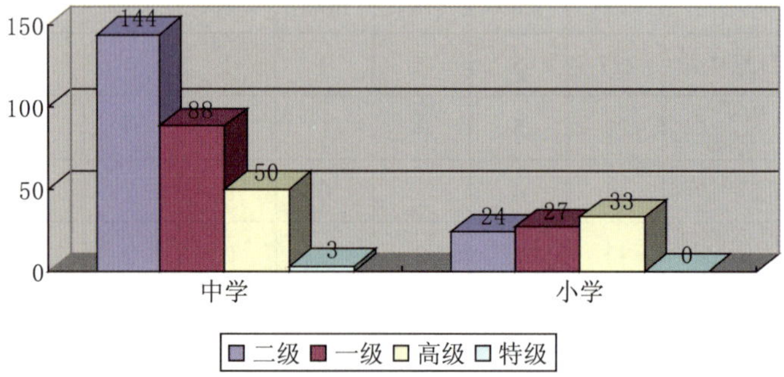

图2—11：北京市19所中小学对外汉语教师职称情况图

从这19所学校的教师职称状况可以看出，北京市中小学对外汉语教师中，具有中教职称的共281人，具有小教职称的共61人。而具有中教职称的对外汉语教师中，低职称人数较多，中教二级人数就占到全部人数的55%，职称由低到高，人数成倍减少。与之相比，具有小教职称的对外汉语教师中，则各级职称的人数较为平均，且从二级到高级有递增趋势。但不管中教职称还是小教职称，能达到特级的对外汉语教师数量都很少。

以上数据反映出，相比具有小教职称的对外汉语教师，具有中教职称的对外汉语教师低职称人数较多，而二者中能够达到最高的特级职称者数量有限。

5. 北京市中小学对外汉语教师学历情况

本次调查将教师学历分为“大专以下、大专、本科、硕士研究生、博士研究生”五个层次，并进行了相关统计。关于对外汉语教师的学历信息方面，有效问卷共21份。详细数据如下：

表3－4：北京市21所中小学对外汉语教师学历统计表

序号	学校名称	大专以下	大专	本科	硕士研究生	博士研究生
1	芳草地国际学校	1	3	53	1	0
2	日坛中学	0	0	33	2	0
3	新英才学校	0	0	33	2	0
4	八十中	0	0	25	8	0
5	怀柔一中	0	0	18	0	1
6	通州潞河中学	0	0	17	4	0
7	十九中	0	0	13	0	0
8	延庆第一职业学校	0	0	11	1	0
9	汇文中学	0	0	11	7	0
10	育才学校	0	0	10	9	0
11	北京师范大学第二附属中学	0	0	9	8	0
12	北师大附中	0	0	8	3	0
13	十五中	0	0	8	2	0
14	时代中学	0	1	8	0	0
15	京源学校	0	5	6	4	0
16	回民学校	0	0	5	1	0
17	四中	0	0	3	0	0
18	十二中	0	0	2	0	0
19	十一学校	0	0	0	4	0
20	北京教育科学院附属实验中学	0	3	47	1	0
21	中关村一小	0	0	22	2	0
总计		1	12	342	59	1

受调查的21所学校共415位对外汉语教师中，本科学历的有342人，占全部对外汉语教师总数的82.41%；硕士研究生学历的有59人，占全部对外汉语教师总数14.22%；大专学历的教师有12人，占总数的2.89%；大专以下水平的教师有1人，占总数的0.24%；博士研究生学历的教师有1人，同样占0.24%。将415位对外汉语教师的学历构成以饼状图表示如下：

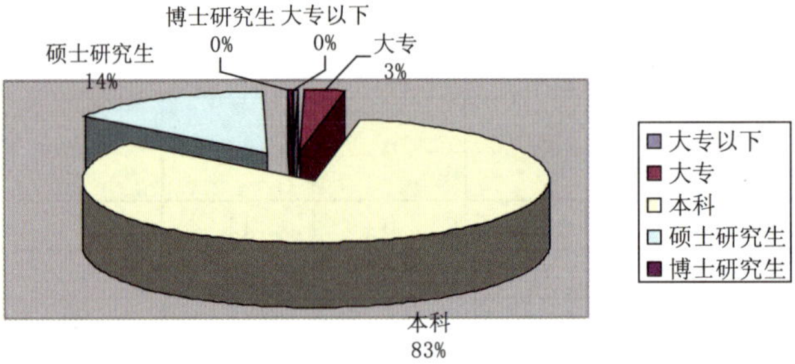

图2—12：北京市21所中小学对外汉语教师学历构成图

从图2-12可看出，由这21所学校反映出的北京市中小学对外汉语教师学历构成中，本科学历占据了主体地位，其次是硕士研究生学历。大专及大专以下学历的人数较少，博士研究生学历的人数不足1%。

6. 北京市中小学对外汉语教师专业情况

本次调查为了便于统计，将教师专业分为“对外汉语、外语、中文、教育学、其他”五个大类。关于对外汉语教师的专业信息方面，有效问卷共22份。详细数据如下：

表3—5：北京市中小学对外汉语教师专业统计表

序号	学校名称	对外汉语	外语	中文	教育学	其它
1	通州潞河中学	7	3	3	0	8
2	日坛中学	6	3	26	0	0
3	新英才学校	6	3	26	0	0
4	京源学校	5	3	3	0	4
5	中关村一小	5	3	10	6	0
6	北师大二附中	4	3	4	1	5
7	十一学校	4	0	0	0	0
8	八十中	3	8	6	0	16
9	育才学校	3	3	6	0	8
10	汇文中学	3	3	4	0	8
11	北师大附中	3	4	1	0	3
12	黄庄职业高中	2	2	3	0	6
13	十五中	2	0	2	0	6
14	时代中学	2	2	1	1	3
15	回民学校	1	1	4	0	0
16	十九中	1	4	4	0	4
17	怀柔一中	1	4	3	0	11
18	十二中	1	0	1	0	0
19	芳草地国际学校	0	2	13	42	1
20	延庆第一职业学校	0	4	6	1	1
21	四中	0	0	3	0	0
22	北京教育科学院附属实验中学	0	10	9	0	32
总计		59	65	138	51	116

表3-5数据显示，来自22个学校的350个对外汉语教师中，中文专业的教师有138人，占对外汉语教师总数的32.17%；对外汉语专业的教师有59人，占总数的13.75%；外语专业的教师有65人，占总数的15.15%；教育学专业的教师有51人，占总数的11.89%；其他专业的教师有116人，占总数的27.04%。

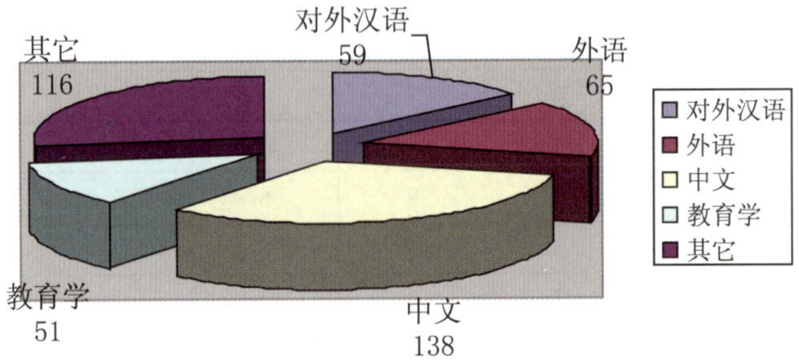

图2—13：北京市22所中小学对外汉语教师专业构成图

以这22所学校为代表的北京市中小学对外汉语教师，专业构成以非对外汉语专业的中文大类为主。科班出身的对外汉语专业人数在对外汉语教师中所占比例并不高，教育学和外语专业的人数和对外汉语专业接近。其他专业出身的对外汉语教师数量较多，甚至还高于对外汉语专业14个百分点。

由此也反映出，在北京市中小学的对外汉语教师中，非对外汉语的其他中文专业出身教师超过对外汉语专业教师，成了对外汉语教师的主要力量。这在一定程度上说明在北京市中小学教育队伍内，对外汉语专业出身的优质师资较为缺乏，使得对外汉语教师专业程度有所欠缺。

7. 北京市中小学对外汉语教师年龄情况

本次调查将对外汉语教师年龄共分为“22-29岁、30-39岁、40-49岁、50-60岁”四个区间。关于对外汉语教师的年龄方面，有效问卷共22份。详细数据如下：

表3—6：北京市22所中小学对外汉语教师年龄统计表

序号	学校名称	22-29岁	30-39岁	40-49岁	50-60岁
1	芳草地国际学校	27	22	7	2
2	八十中	15	8	3	7
3	北京教育科学院附属实验中学	14	15	11	7
4	潞河中学	8	10	3	0
5	怀柔一中	6	3	7	3
6	汇文中学	6	8	2	2
7	京源学校	5	6	3	1
8	中关村一小	4	15	5	0
9	北师大附中	3	2	5	1
10	时代中学	3	5	1	0
11	延庆第一职业学校	3	3	3	2
12	日坛中学	2	29	5	0
13	十五中	2	3	1	4
14	十九中	2	4	4	3
15	育才学校	2	10	4	3
16	新英才学校	2	29	5	0
17	回民学校	1	5	0	0
18	十二中	1	0	0	1
19	北师大二附中	1	16	0	0
20	十一学校	1	2	1	
21	四中	0	2	1	0
22	黄庄职业高中	0	4	7	1
合计	108	201	78	37	

受调查的22所学校共424名对外汉语教师中，处在22-29岁年龄段的教师有108人，占对外汉语教师总数的25.47%；处在30-39岁年龄段的教师有201人，占总数的47.41%；处在40-49岁年龄段的教师有78人，占总数的18.40%；处在50-60岁年龄段的教师有37人，占总数的8.73%。将表3-6中数据反映的情况以曲线图表示如下：

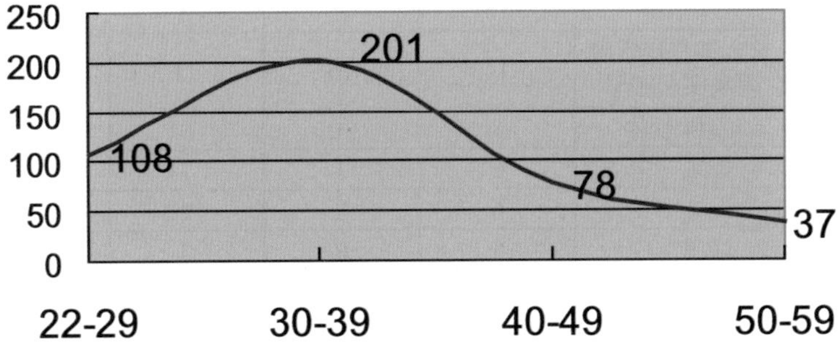

图2—14：北京市中小学教师年龄段分布图

以调查所选的22所中小学为代表，北京市中小学对外汉语教师年龄分布呈现“中间多，两头少”的分布状态。处在30-39岁年龄段的中年教师所占比例最高，达到了对外汉语教师总数的一半，其次是22-29岁年龄段的青年教师，占了对外汉语教师总数约1/4。而处在40-49岁年龄段以及50-59岁年龄段的教师则相对较少。

专题三　北京市汉语国际推广相关研究成果

（一）北京市汉语国际推广相关论文发表概况

国际汉语教学研究类论文总体分为两类，对外汉语教学及汉语国际推广（传播）。以CNKI学术文献总库作为数据来源，我们用研究相关的42组关键词作为目标文献内容特征进行了主题精确搜索，再进行必要的人工干预。

从论文发表的总体情况来看，汉语国际推广研究才刚刚开始，各方面的研究都还比较薄弱，专题性的研究尤显不足，如孔子学院及孔子课堂、海外汉语教学的师资、教材及本土化问题等。研究结果显示，截止2010年底，国际汉语教学研究类已发表的论文总共28 364篇，其中对外汉语教学类论文25 262篇，汉语国际推广类论文4 423篇。在汉语国际推广类论文中，研究海外汉语教学的有1 635篇，其中专门研究师资问题的有187篇，研究教材问题的有233篇，孔子学院及孔子课堂的专题研究有338篇，以汉语教学的本土化为研究主题的仅有52篇。

北京和上海是全国留学生最为集中的两个城市，课题组对这两个城市的汉语国际推广研究相关论文发表情况进行了对比研究。

根据教育部“2009年来华留学生统计”，课题组首先筛选出了北京和上海高校招收学历和非学历留学生数量分别排名前12位的24所高校：

表3－1：北京和上海高校2009年招收留学生数量统计表

序号	北京高校名称	留学生数量	上海高校名称	留学生数量
1	北京语言大学	11 441	复旦大学	6 643
2	北京大学	6 830	上海交通大学	4 241
3	清华大学	5 449	华东师范大学	3 864
4	对外经贸大学	5 385	上海外国语大学	3 305
5	北京师范大学	4 414	东华大学	3 124
6	北京外国语大学	2 459	同济大学	3 038
7	中国民航管理干部学院	2 454	上海大学	2 797
8	首都师范大学	2 383	上海财经大学	2 135
9	人民大学	2 333	上海中医药大学	2 059
10	北京中医药大学	2 053	上海师范大学	1 914
11	中央民族大学	1 251	上海体育学院	1 171
12	北京第二外国语大学	1 204	华东理工大学	1 150

根据从中央民族大学国际教育学院“国际汉语教学数据库”（http://tpi.cie.muc.edu.cn）中的学术资源子库提取的北京和上海12所高校正式发表、并被CNKI收录的所有期刊论文，逐篇整理了论文题目、作者、作者单位、关键词、摘要等重要信息，筛选出国际汉语教学相关论文发文量排名前10位的高校：

表3—2：北京和上海高校国际汉语教学相关论文发文量统计

序号	北京高校名称	发文量	上海高校名称	发文量
1	北京语言大学	367	华东师范大学	172
2	北京师范大学	193	上海师范大学	54
3	北京大学	123	上海交通大学	46
4	中央民族大学	74	复旦大学	33
5	中国人民大学	52	上海外国语大学	26
6	北京外国语大学	54	上海财经大学	22
7	首都师范大学	31	华东理工大学	8
8	北京第二外国语学院	14	上海大学	13
9	北京中医药大学	5	同济大学	4
10	对外经济贸易大学	4	东华大学	4
合计	北京十所高校	917	上海十所高校	382
平均数	北京十所高校	91.7	上海十所高校	38.2

通过对比，我们发现，北京十所高校的国际汉语教学相关论文发文量是上海的2.4倍。北京十所高校的平均发文量为91.7篇，大大高于上海的平均数38.2篇。发文量在100篇以上的大学，北京有三所，而上海仅有一所。北京语言大学，以367篇高居榜首，其发文量占北京高校总发文量的40%。北京师范大学以193篇位居第二，发文量占北京高校总量的21%。华东师范大学的发文量虽占到上海高校总量的45%，但其发表论文的篇数仍不及北京第二位的北京师范大学。

（二）北京市汉语国际推广专业研究人员

课题组对“汉语国际推广专业研究人员”的定义为：在相关研究领域公开发表两篇以上学术论文的人士。依据近十年发表的论文情况，课题组确定了北京和上海十所高校的汉语国际推广专业研究人员的人数，数据统计如下：

表3—3：北京和上海高校汉语国际推广专业研究人员统计

序号	北京高校名称	专业研究人员	上海高校名称	发文量
1	北京语言大学	77	华东师范大学	34
2	北京师范大学	28	上海师范大学	9
3	北京大学	23	上海交通大学	8
4	中央民族大学	16	上海外国语大学	5
5	中国人民大学	11	上海财经大学	3

6	北京外国语大学	10	华东理工大学	2
7	首都师范大学	5	复旦大学	2
8	北京第二外国语学院	3	上海大学	1
9	对外经济贸易大学	1	东华大学	1
10	北京中医药大学	0	同济大学	1
合计	北京十所高校	175	上海十所高校	66
平均数	北京十所高校	17.5	上海十所高校	6.6

数据显示，北京高校汉语国际推广专业研究人员的数量，在全国占有绝对优势。北京高校中的汉语国际推广专业研究人员数量是上海的2.65倍，其中，北京语言大学共有专业研究人员77人，在北京这十所大学中占的份额达到44%，超过了上海十所高校的合计人数。专业研究人员超过10人的大学，在北京十所高校中有6所，而在上海却仅有1所。

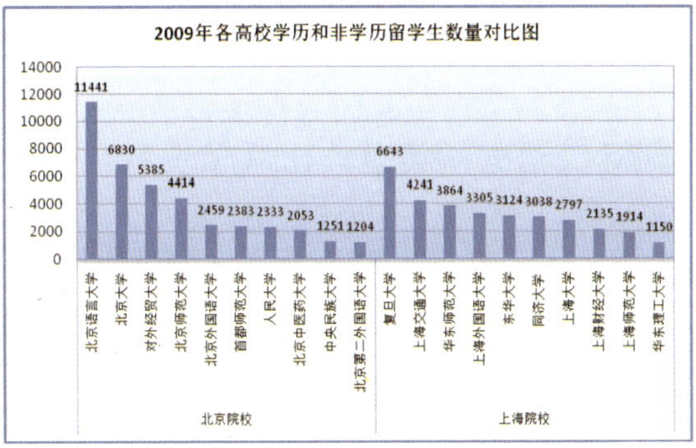

图3—1：北京和上海2009年留学生数量对比

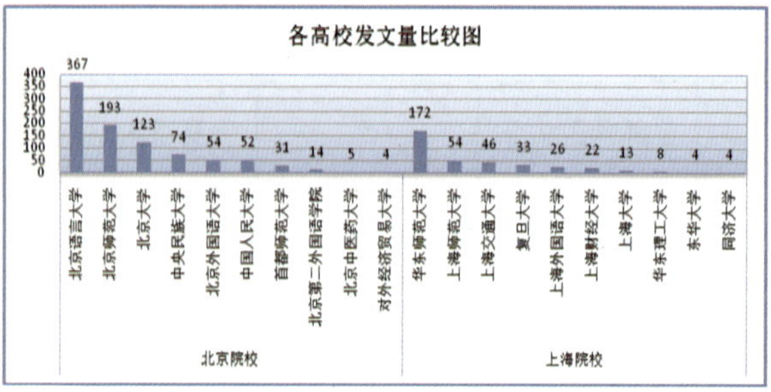

图3－2：北京和上海高校发文量对比（CNKI期刊论文数据）

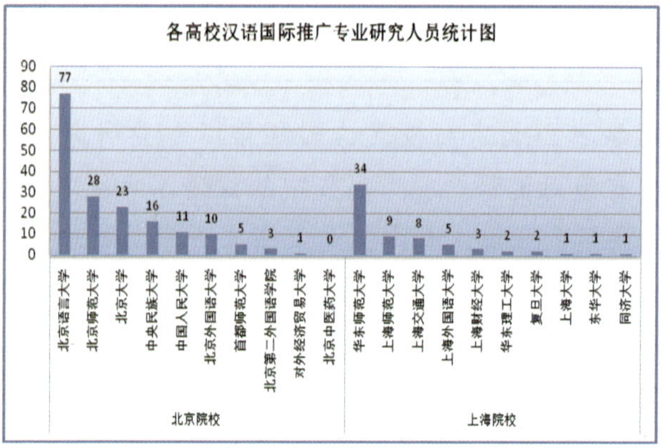

图3－3：北京和上海高校汉语国际推广专业人员数量对比

（三）国际汉语教学类著作出版情况

本专题以国内出版的国际汉语教学类著作（含专著、编著、论文集）为统计对象，通过中国国家图书馆的“联机公共目录查询系统”，对此类著作从1985年1月至2010年6月的出版数据进行了全面抽取，并将统计结果按照出版地分为“北京”、“上海”、“其他地区”三大类，以便于通过比较来观察北京市国际汉语教学类著作出版的实际状况。

本专题将从国际汉语教学类著作的出版量、此类著作出版量的增长状况以及与此相关的出版社状况三个方面，对北京市国际汉语教学类著作的出版情况进行调查研究。

术语方面，鉴于此类著作既包括传统的对外汉语教学类著作，也包括汉语国际推广（传播）类著作，本课题组认为，“国际汉语教学”这一名称可以涵盖以上两大组成部分，故全文统一使用“国际汉语教学类著作”这一术语，用于指代对外汉语教学和汉语国际推广（传播）两类著作。

1. 国际汉语教学类著作的出版量方面

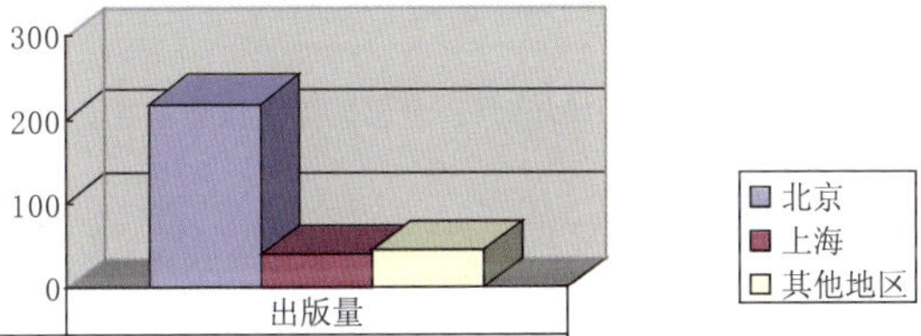

	出版量
北京	218
上海	39
其他地区	44

图3—4：国际汉语教学类著作的出版量

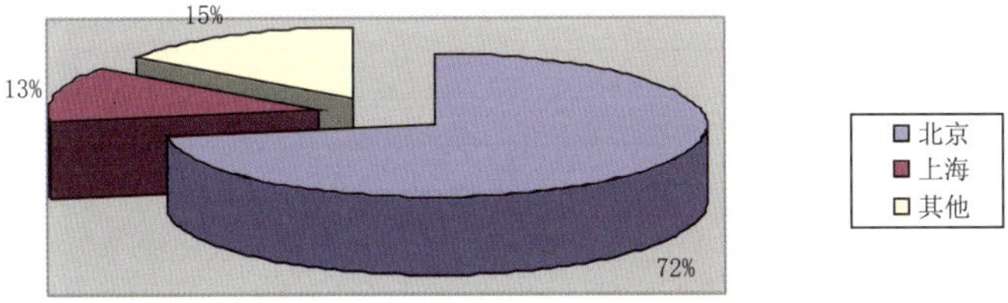

图3—5：各地区累计出版国际汉语教学类著作数量之比

从各地区出版量占全国总量的百分比来看，北京出版国际汉语教学类著作的数量占全国总量的72%，上海出版此类著作的数量占全国总量的13%，其他所有地区的出版数量占全国总量的15%。

由此看来，北京市出版的国际汉语教学类著作数量在全国的出版总量中占据了绝对的主体地位。

2. 国际汉语教学类著作出版量的增长状况

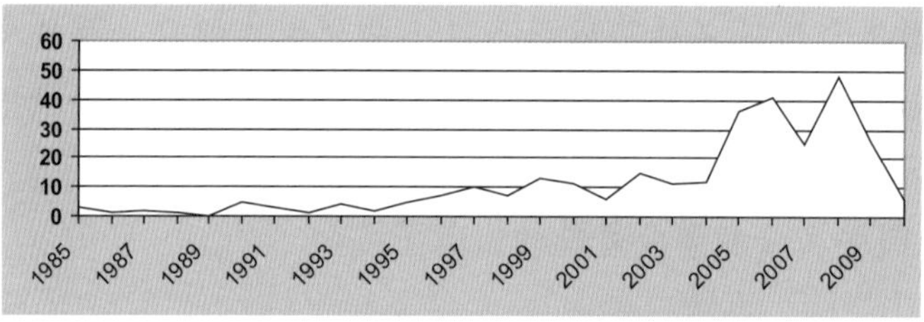

图3—6：1985年1月至2010年6月，全国国际汉语教学类著作年出版量

调查结果显示，国内各出版社自1985年开始出版国际汉语教学类著作，且2004至2005年间，该类著作的出版量从12部激增到36部，增长数量超过20部，增长显著。2007年至2008年，该类著作的出版量由25部增至48部，达到一个新高峰。

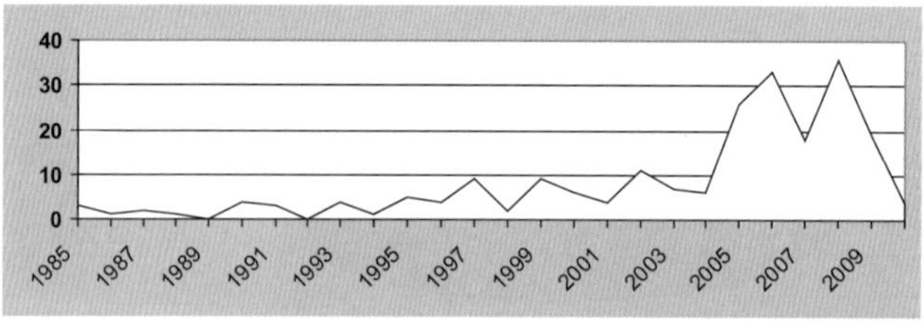

图3—7：1985年1月至2010年6月，北京市国际汉语教学类著作年出版量

北京市各出版社也是自1985年就开始出版国际汉语教学类著作。在1985年至2010年25年间，除1998年外，北京市此类著作的出版量占全国出版总量的比例均不低于50%，其中10年（1985、1986、1987、1988、1990、1991、1993、1995、1997、2006）占全国出版总量的比例不低于 80%。从直观上也可以看到，图3—6与图3—7的轨迹极为吻合，这表现出，北京市国际汉语教学类著作各年的出版状况可大体反映当年全国的出版状况。由此可见，北京市自出版国际汉语教学类著作以来，就成为了推动全国此类著作出版量增长的主力军。

3. 相关出版社的状况

表3—4：累计出版国际汉语教学类著作超过10部的出版社及其出版量

出版社分组计数	
出版社	累计出版量
北京语言大学出版社[①]（北京）	59
外语教学与研究出版社（北京）	41
北京大学出版社（北京）	38
商务印书馆（北京）	32
学林出版社（上海）	12
华东师范大学出版社（上海）	10
中国社会科学出版社（北京）	10
总计	202

据统计，截至2010年6月，国内出版的国际汉语教学类著作共301部，出版过此类著作的出版社共61家。出版国际汉语教学类著作超过10部的出版社共7家，仅占出版社数量的11.48%，但这7家出版社出版此类著作的数量却占到全国出版总量的67.11%。

通过对比这两个百分数可见，国际汉语教学类著作的出版集中度很高，少数出版社承担了此类著作出版量中很大的一部分。而在累计出版量超过10部的7家出版社中，北京市有5家，其出版的此类著作数量占到全部7家出版社出版总量的89.11%，占全国出版总量的59.80%；北京市以外的有2家，其出版的此类著作数量仅占这7家出版社出版总量的10.89%，占全国出版总量的10.89%。

由此可见，北京市各出版社在国际汉语教学类著作的出版中占据了主导地位。

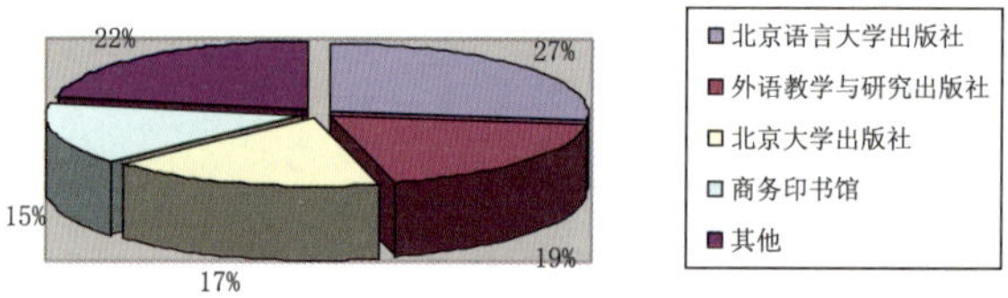

图3－7：北京市各出版社国际汉语教学类著作出版量所占比例

就北京市各出版社的出版状况来说，同样呈现高度集中状态。北京市出版过国际汉语教学类著作的出版社共25家，累计出版此类著作218部。其中，北京语言大学出版社以59部的数量高居国际汉语教学类著作出版量第一的位置，外语教学与研究出版社以41部的数量位列第二，北京大学出版社和商务印书馆则分别以38部和32部的数量分列三、四位，其他在京出版社共出版此类著作48部。

表3－5：北京市出版过国际汉语教学类著作的出版社各自出版量所占比例

出版社分组计数			
出版社	累计出版量	占北京市比例	占全国比例
北京语言大学出版社	59	27.06%	19.60%
外语教学与研究出版社	41	18.81%	13.62%

出版社分组计数			
北京大学出版社	38	17.43%	12.62%
商务印书馆	32	14.68%	10.63%
前四家总计	170	77.98%	56.48%
其他	48	22.02%	15.95%

北京市出版过国际汉语教学类著作的25家出版社中，累计出版量最多的4家所占份额很大，其出版量总和占北京市出版总量的77.98%，而其余21家出版社出版此类著作的数量仅占到全北京出版总量的22.02%。从全国范围来看，这4家出版社出版的国际汉语教学类著作数量占到了全国出版总量的56.48%，可见，这4家出版社在此类著作出版方面的影响力绝不仅限于北京市，而是全国性的。

综合以上调查，北京市国际汉语教学类著作无论从累计出版量、出版量增长情况还是在出版社实力方面，均在全国范围内具有优势。

附表：

序号	题名	作者	地区	出版社	年份
1	对外汉语研究与探索	任海波，吴为善主编	上海	学林出版社	2010
2	对外汉语教学示范教案	张和生，马燕华主编	北京	北京师范大学出版社	2009
3	对外汉语教学及汉语本体研究	李宝贵著	北京	北京大学出版社	2005
4	对外汉语教学理论思考	李泉著	北京	教育科学出版社	2005
5	对外汉语教研论丛（第三辑）	潘文国主编	上海	华东师范大学出版社	2005
6	对外汉语论丛 第四集	王德春主编	上海	学林出版社	2005
7	新中国对外汉语教学发展史	程裕祯主编	北京	北京大学出版社	2005
8	对外汉语教学与研究 第2辑	胡有清主编	南京	南京大学出版社	2005

序号	题名	作者	地区	出版社	年份
9	对外汉语教学与语言文化研究 第一辑	蒋印莲主编	昆明	云南大学出版社	2005
10	汉语与对外汉语研究文录	赵金铭著	北京	外语教学与研究出版社	2005
11	对外汉语教学的全方位探索：对外汉语研究学术讨论会论文集	赵金铭主编	北京	商务印书馆	2005
12	对外汉语教学虚词辨析	金立鑫主编	北京	北京大学出版社	2005
13	对外汉语教学心理学	陈郁著	北京	中国文史出版社	2005
14	对外汉语教学探新	高顺全著	北京	北京大学出版社	2005
15	对外汉语教学语法	齐沪扬主编	上海	复旦大学出版社	2005
16	现代汉语虚词研究与对外汉语教学	齐沪扬主编	上海	复旦大学出版社	2005
17	对外汉语研究 第一期	齐沪扬主编；上海师范大学《对外汉语研究》编委会编	北京	商务印书馆	2005
18	对外汉语教学语法研究	卢福波著	北京	北京语言大学出版社	2004
19	对外汉语教学探索	吴勇毅著	上海	学林出版社	2004
20	对外汉语教学入门	周小兵，李海鸥主编	广州	中山大学出版社	2004
21	对外汉语教学核心语法	杨德峰编著	北京	北京大学出版社	2009
22	对外汉语教学语法释疑201例	彭小川等著	北京	商务印书馆	2004
23	对外汉语教学新探索	施向东主编	天津	天津古籍出版社	2004
24	对外汉语教学的跨文化视角：旧金山对外汉语教学学术会议论文集	潘文国，(美) Stephan Roddy 主编	上海	华东师范大学出版社	2004
25	对外汉语教学概论	赵金铭主编	北京	商务印书馆	2004
26	对外汉语教学中的理论和方法	黄锦章，刘焱主编	北京	北京大学出版社	2004
27	北京地区第三届对外汉语教学学术研讨会论文选	研讨会论文选编委员会编	北京	北京大学出版社	2004
28	对外汉语论丛（第三集）	王德春主编；上海外国语大学国际文化交流学院编著	上海	学林出版社	2003
29	对外汉语研究的跨学科探索：汉语学习与认知国际学术研讨会论文集	赵金铭主编	北京	北京语言大学出版社	2003

序号	题名	作者	地区	出版社	年份
30	对外汉语听说教学十四讲	杨惠元著	北京	北京大学出版社	2009
31	对外汉语教学理论与语言学科目考试指南	陈宏，吴勇毅主编	北京	华语教学出版社	2003
32	对外汉语教学课堂教案设计	陈宏，吴勇毅主编；曹文等编著；教育部对外汉语教师资格审查委员会办公室编	北京	华语教学出版社	2003
33	对外汉语实习教程	杨晓黎主编	合肥	安徽大学出版社	2009
34	对外汉语教学语法探索：首届国际对外汉语教学语法研讨会论文集	国家汉办教学处编	北京	中国社会科学出版社	2003
35	对外汉语教学论文集	厦门大学海外华文教育研究所，厦门大学海外教育学院编	厦门	厦门大学出版社	2003
36	对外汉语一对一个别教授研究	吴仁甫主编	北京	中国社会科学出版社	2002
37	汉语语言学和对外汉语教学论	李开编著	北京	中国社会科学出版社	2002
38	对外汉语教学语音测试研究	毛世桢主编	北京	中国社会科学出版社	2002
39	对外汉语论丛（第二集）	竟成主编	上海	上海外语教育出版社	2002
40	对外汉语教学的文化透视	欧阳祯人著	北京	北京大学出版社	2009
41	对外汉语写作教学研究	罗青松著	北京	中国社会科学出版社	2002
42	现代汉语语法与对外汉语教学	肖奚强著	上海	学林出版社	2002
43	古代汉语汉字对外传播史	董明著	北京	中国大百科全书出版社	2002
44	语法研究与对外汉语语法教学	陈光磊主编	太原	山西人民出版社	2002
45	对外汉语教学论丛（第二辑）	华东师范大学国际中国文化学院编	上海	华东师范大学出版社	2002
46	对外汉语教学法研究	蒋可心著	哈尔滨	黑龙江教育出版社	2001
47	对外汉语教学（精读编）	陈庆祐主编	合肥	安徽人民出版社	2001
48	对外汉语论丛（第七集）	王德春主编	上海	学林出版社	2009
49	中国对外汉语教学学会北京分会第二届学术年会论文集	中国对外汉语教学学会北京分会编	北京	北京语言文化大学出版社	2001

序号	题名	作者	地区	出版社	年份
50	对外汉语教学与教材研究论文集	国家对外汉语教学领导小组办公室教学业务处编	北京	华语教学出版社	2001
51	对外汉语教育学引论	刘珣著	北京	北京语言文化大学出版社	2000
52	对外汉语常用词语对比例释	卢福波编著	北京	北京语言文化大学出版社	2000
53	现代化教育技术与对外汉语教学：第二届中文电化教学国际研讨会论文集	张普主编	桂林	广西师范大学出版社	2000
54	对外汉语口语系列工具书	李亚明主编	广州	广东教育出版社	2000
55	对外汉语教学目的原则方法	程棠著	北京	华语教学出版社	2000
56	对外汉语修辞学	陈汝东著	南宁	广西教育出版社	2000
57	对外汉语教学的理论与实践	鲁同群，刘乃华主编	南京	南京师范大学出版社	2000
58	对外汉语教学语法体系研究	吕文华著	北京	北京语言文化大学出版社	1999
59	多维视野下的对外汉语教学研究：第七届国际汉语教学学术研讨会论文集	蔡昌卓主编	桂林	广西师范大学出版社	2009
60	华东师范大学国际中国文化学院对外汉语教研论丛	吴碧莲主编	上海	华东师范大学出版社	1999
61	对外汉语教学古汉语教程	国赫彤，崔建新编著	天津	天津古籍出版社	1999
62	天津市对外汉语教学论文集（1998）	孙晖，施向东主编	天津	天津人民出版社	1999
63	对外汉语本科教育研究	李杨著	北京	北京语言文化大学出版社	1999
64	对外汉语教学初级阶段教学大纲 二——词汇大纲	杨寄洲主编	北京	北京语言文化大学出版社	1999
65	对外汉语教学初级阶段课程规范	王钟华主编	北京	北京语言大学出版社	1999
66	对外汉语教学中高级阶段功能大纲	赵建华主编	北京	北京语言文化大学出版社	1999
67	对外汉语教学中高级阶段课程规范	陈田顺主编	北京	北京语言文化大学出版社	1999
68	对外汉语教学思考集	鲁健骥著	北京	北京语言文化大学出版社	1999
69	面向对外汉语教学的汉语语篇研究	马明艳著	北京	中国社会科学出版社	2009
70	对外汉语教学研究论文集：中国对外汉语教学学会华北分会（1997）	华北分会论文集编委会编	天津	天津人民出版社	1999

序号	题名	作者	地区	出版社	年份
71	中国对外汉语教学学会第六次学术讨论会论文选	中国对外汉语教学学会编	北京	华语教学出版社	1999
72	中国文化及对外汉语教学研究（文化研究篇）	于燕京主编	昆明	云南民族出版社	1998
73	中国文化及对外汉语教学研究（教学研究篇）	于燕京主编	昆明	云南民族出版社	1998
74	对外汉语论丛	吕光旦主编	上海	上海外语教育出版社	1998
75	对外汉语教学论丛（第一辑）	王文虎主编	成都	四川大学出版社	1998
76	对外汉语教学探讨集：北京地区第一届对外汉语教学讨论会论文选	赵金铭等编	北京	北京大学出版社	1998
77	天津市对外汉语教学论文集（1996）	天津市对外汉语教学研究会编	天津	天津人民出版社	1998
78	对外汉语研究（第五期）	齐沪扬主编；上海师范大学《对外汉语研究》编委会编	北京	商务印书馆	2009
79	对外汉语教学与文化	周思源主编	北京	北京语言文化大学出版社	1997
80	词汇、文字研究与对外汉语教学	崔永华主编	北京	北京语言文化大学出版社	1997
81	对外汉语课堂教学技巧	崔永华，杨寄洲主编	北京	北京语言文化大学出版社	1997
82	对外汉语教学课程研究	李杨主编	北京	北京语言文化大学出版社	1997
83	语音研究与对外汉语教学	赵金铭主编	北京	北京语言文化大学出版社	1997
84	汉语研究与对外汉语教学	赵金铭著	北京	语文出版社	1997
85	天津市对外汉语教学论文集（1995）	天津市对外汉语教学研究会编	天津	天津人民出版社	1997
86	对外汉语教学实用语法	卢福波著	北京	北京语言学院出版社	1996
87	对外汉语教学的成绩测试	杨翼著	北京	北京大学出版社	2010
88	对外汉语教学论文选评第二集（1991-2004）中	刘珣，张旺熹，施家炜主编	北京	北京语言大学出版社	2008
89	对外汉语语法讲义	宋玉柱编著	天津	天津人民出版社	1996
90	对外汉语教学中的语法难点剖析	杨庆蕙主编	北京	北京师范大学出版社	1996
91	对外汉语教学通论	赵贤州，陆有仪主编	上海	上海外语教育出版社	1996

序号	题名	作者	地区	出版社	年份
92	中国对外汉语教学学会成立十周年纪念论文选	鲁健骥主编；中国对外汉语教学学会秘书处编	北京	北京语言学院出版社	1996
93	中高级对外汉语教学等级大纲：词汇/语法	孙瑞珍主编	北京	北京大学出版社	1995
94	语言对比研究与对外汉语教学	赵永新著	北京	华语教学出版社	1995
95	北京语言学院对外汉语教学论集 1993	北京语言学院教务处编.	北京	北京语言学院出版社	1995
96	对外汉语教学论文选评第二集（1991-2004）上	刘珣，张旺熹，施家炜主编	北京	北京语言大学出版社	2008
97	中高级对外汉语教学论	李杨著	北京	北京大学出版社	1993
98	对外汉语教学论文选评第一集:（1949-1990）	盛炎，沙砾编	北京	北京语言学院出版社	1993
99	中国对外汉语教学学会第四次学术讨论会论文选	中国对外汉语教学学会编	北京	北京语言学院出版社	1993
100	中高级对外汉语教学论文选	国家对外汉语教学领导小组办公室教学业务部编	北京	北京语言学院出版社	1991
101	对外汉语教学发展概要	吕必松著	北京	北京语言学院出版社	1990
102	对外汉语教学论文选评第二集（1991-2004）下	刘珣，张旺熹，施家炜主编	北京	北京语言大学出版社	2008
103	对外汉语教法学	张亚军著	北京	现代出版社	1990
104	对外汉语教材教法论	赵贤州,李卫民著	上海	上海外语教育出版社	1990
105	中国对外汉语教学学会第三次学术讨论会论文选	中国对外汉语教学学会编	北京	北京语言学院出版社	1990
106	对外汉语教学研究会第二次学术讨论会论文选	中国高等教育学会对外汉语教学研究会编	北京	北京语言学院出版社	1987
107	对外汉语教学论集:1979-1984年	《语言教学与研究》编辑部编	北京	北京语言学院出版社	1985
108	对外汉语教学：电视短剧集	北京语言学院出版社编	北京	北京语言学院出版社	1985
109	对外汉语教学论集：1979-1984	语言教学与研究编辑部编	北京	北京语言学院出版社	1985
110	对外汉语教学语法探索	吕文华著	北京	北京语言大学出版社	2008
111	作为第二语言的汉语概说	施春宏编著	北京	北京大学出版社	2009
112	对外汉语教学论	姜丽萍著	北京	北京语言大学出版社	2008
113	从二语习得的视点看中英日三种语言的否定形式	刘代容著	昆明	云南人民出版社	2008

序号	题名	作者	地区	出版社	年份
114	汉语作为第二语言的习得与认知研究	崔希亮等著	北京	北京大学出版社	2008
115	汉语第二语言教学理论概要	朱志平著	北京	北京大学出版社	2008
116	对外汉语教学中的信息资源和信息处理	宋柔主编	北京	北京大学出版社	2008
117	汉语作为第二语言教学文化概说	杜道明编著	北京	北京大学出版社	2008
118	汉语作为第二语言教学丛书	赵金铭主编	北京	北京大学出版社	2008
119	汉语和汉语作为第二语言教学	吕必松著	北京	北京大学出版社	2007
120	北京语言大学对外汉语教学名师访谈录，李景蕙卷	崔希亮主编	北京	北京语言大学出版社	2008
121	英语母语者对汉语非宾格动词的第二语言习得研究	薛常明著	北京	科学出版社	2007
122	对外汉语教学设计导论	崔永华编著	北京	北京语言大学出版社	2008
123	汉语作为第二语言的学习者与汉语认知研究	王建勤主编	北京	商务印书馆	2006
124	汉语作为第二语言的学习者语言系统研究	王建勤主编	北京	商务印书馆	2006
125	汉语作为第二语言的学习者习得过程研究	王建勤主编	北京	商务印书馆	2006
126	第二语言(汉语)教学与研究：纪念延边大学汉语言文化学院成立50周年论文选	崔健主编	延吉	延边大学出版社	2005
127	对外汉语教学心理学	徐子亮著	上海	华东师范大学出版社	2008
128	汉语作为第二语言教学简论	刘珣著	北京	北京语言文化大学出版社	2002
129	英语日语汉语第二语言教学学科研究	李晓琪等著	北京	中国大百科全书出版社	2002
130	对外汉语词汇教与学	方绪军著	北京	北京师范大学出版社	2008
131	对外汉语语音	曾毓美主编	长沙	湖南师范大学出版社	2008
132	对外汉语教学中的偏误分析与统计应用	(韩)李恩华著	上海	上海大学出版社	2008
133	汉语作为第二语言的习得研究	王建勤主编	北京	北京语言文化大学出版社	1997
134	第二语言(汉语)教学论集（第一集）	戴庆厦主编	北京	民族出版社	1996
135	对外汉语教学论著指要与总目（第二册）	李无未，陈珊珊，秦曰龙主编	北京	作家出版社	2008
136	面向对外汉语教学的副词定量研究	杨德峰著	北京	北京大学出版社	2008

专题报告

序号	题名	作者	地区	出版社	年份
137	汉语国际推广论丛（第3辑）	潘文国主编	上海	华东师范大学出版社	2009
138	汉语国际教育硕士专业课程设置研究	蒋小棣著	北京	世界图书出版公司北京公司	2009
139	首届海外汉语方言国际研讨会论文集	陈晓锦，张双庆主编	广州	暨南大学出版社	2009
140	对外汉语语音教学	毛世桢著	上海	华东师范大学出版社	2008
141	国际汉语教学动态与研究（2008第二辑）	张西平，张晓慧主编；北京外国语大学国际汉语教学信息中心编	北京	外语教学与研究出版社	2008
142	国际汉语教学动态与研究（2008第一辑）	张西平，张晓慧主编；北京外国语大学国际汉语教学信息中心编	北京	外语教学与研究出版社	2008
143	对外汉语字词与阅读学习研究	江新著	北京	北京语言大学出版社	2008
144	汉语国际教育丛书	潘文国，顾伟列主编	上海	华东师范大学出版社	2008
145	汉语国际推广与中国文化	王国安，要英主编	上海	学林出版社	2008
146	对外汉语学习词典学国际研讨会论文集 三：南京 2007年	郑定欧主编	北京	中国社会科学出版社	2008
147	国际汉语教师标准	国家汉语国际推广领导小组办公室编	北京	外语教学与研究出版社	2008
148	对外汉语分类教学实践	潘先军著	北京	北京语言大学出版社	2008
149	国际汉语教育人才培养论丛（第一辑）	北京汉语国际推广中心，北京师范大学汉语文化学院编	北京	北京大学出版社	2008
150	国际汉语教学动态与研究（2007第二辑）	北京外国语大学国际汉语教学信息中心编	北京	外语教学与研究出版社	2007
151	国际汉语教学动态与研究（2007第一辑）	张西平，张晓慧主编；北京外国语大学国际汉语教学信息中心编	北京	外语教学与研究出版社	2007

序号	题名	作者	地区	出版社	年份
152	国际汉语教学动态与研究（2007第三辑）	张西平，张晓慧主编；北京外国语大学国际汉语教学信息中心编	北京	外语教学与研究出版社	2007
153	第五届国际汉语教学学术研讨会论文集	朱永生，姚道中主编	北京	世界图书出版公司	2007
154	汉语国际推广论丛 第2辑	潘文国主编	上海	华东师范大学出版社	2007
155	国际汉语语言学文献索引：1997–2003	潘海华，徐烈炯主编	北京	商务印书馆	2007
156	第八届国际汉语教学讨论会论文选	陆俭明主编；《第八届国际汉语教学讨论会论文选》编辑委员会编	北京	高等教育出版社	2007
157	对外汉语论丛 第六集	王德春主编	上海	学林出版社	2008
158	国际汉语教师中国志愿者手册	雪山，楚原主编	北京	语文出版社	2007
159	国际汉语教师标准	国家汉语国际推广领导小组办公室[编]	北京	外语教学与研究出版社	2007
160	国际汉语教学动态与研究（第二辑 2006）	张西平，张晓慧主编；北京外国语大学国际汉语教学信息中心编	北京	外语教学与研究出版社	2006
161	汉语国际推广论丛第1辑	潘文国主编	北京	北京大学出版社	2006
162	传统文化与对外汉语教学	王治理著	厦门	厦门大学出版社	2008
163	第七届国际汉语教学讨论会论文选	《第七届国际汉语教学讨论会论文选》编辑委员会编	北京	北京大学出版社	2004
164	汉语时体系统国际研讨会论文集	竟成主编	上海	百家出版社	2003
165	对日汉语教学国际研讨会文集	陈绂主编	北京	中国社会科学出版社	2001
166	第六届国际汉语教学讨论会论文选	《第六届国际汉语教学讨论会论文选》编辑委员会编	北京	北京大学出版社	2000

序号	题名	作者	地区	出版社	年份
167	对外汉语教学 目的、原则、方法	程棠著	北京	北京语言大学出版社	2008
168	第五届国际汉语教学讨论会论文选	《第五届国际汉语教学讨论会论文选》编辑委员会编	北京	北京大学出版社	1997
169	首届汉语考试国际学术讨论会论文选	《首届汉语考试国际学术讨论会论文选》编委会编	北京	北京语言学院出版社	1995
170	第四届国际汉语教学讨论会论文选	《第四届国际汉语教学讨论会论文选》编辑委员会编	北京	北京语言学院出版社	1995
171	第一届国际先秦汉语语法研讨会论文集	高思曼主编	长沙	岳麓书社	1994
172	第二届国际汉语教学讨论会论文集	第二届国际汉语教学讨论会组织委员会编	北京	北京语言学院出版社	1988
173	第二届国际汉语教学讨论会世界汉语教学学会成立大会纪念	世界汉语教学学会秘书处编	北京	北京语言学院出版社	1987
174	第一届国际汉语教学讨论会文选	国际汉语教学讨论会编	北京	北京语言学院出版社	1986
175	对外汉语学习词典学国际研讨会论文集 三：南京 2007年	郑定欧主编	北京	中国社会科学出版社	2008
176	国际汉语教育（2009第一辑）	吴丽君，张晓慧主编；北京外国语大学编	北京	外语教学与研究出版社	2009
177	国际汉语教育（2009第二辑）	吴丽君，张晓慧主编；北京外国语大学编	北京	外语教学与研究出版社	2009
178	汉语与外语	季羡林著	北京	语文出版社	2009
179	英汉语用标记语意义和功能认知研究	席建国著	杭州	浙江大学出版社	2009
180	对外汉语教学法	陈枫主编	北京	中华书局	2008
181	对外汉语阅读教学16讲	陈贤纯著	北京	北京语言大学出版社	2008
182	日本汉语教育史研究：江户时代唐话五种	鲁宝元，吴丽君编	北京	外语教学与研究出版社	2009
183	对外汉语词汇教学	高燕著	上海	华东师范大学出版社	2008

序号	题名	作者	地区	出版社	年份
184	不同环境下的汉语教学探索：第五届对外汉语国际学术研讨会论文集	北京语言大学对外汉语研究中心编	北京	外语教学与研究出版社	2009
185	对外汉语课堂教学艺术：来自教学实践的微技能探讨	黄晓颖著	北京	北京语言大学出版社	2008
186	国际汉语教学动态与研究（2008第四辑）	张西平，张晓慧主编；北京外国语大学国际汉语教学信息中心编	北京	外语教学与研究出版社	2008
187	国际汉语教学动态与研究（2008第三辑）	张西平，张晓慧主编；北京外国语大学国际汉语教学信息中心编	北京	外语教学与研究出版社	2008
188	世界主要国家语言推广政策概览	张西平，柳若梅编	北京	外语教学与研究出版社	2008
189	对外汉语研究（第四期）	齐沪扬主编；上海师范大学《对外汉语研究》编委会编	北京	商务印书馆	2008
190	留学生在华汉语教育初探：汉语作为第二语言习得研究	李坤珊主编	北京	北京大学出版社	2008
191	现代汉语虚词研究与对外汉语教学 第二辑	齐沪扬主编	上海	复旦大学出版社	2008
192	英汉语中动结构式认知研究：基于语料库的对比分析	杨晓军著	北京	外语教学与研究出版社	2008
193	汉语作为外语的习得研究：理论基础与课堂实践	温晓虹	北京	北京大学出版社	2008
194	阿拉伯语汉语对比研究	周文巨，陈杰著	上海	上海外语教育出版社	2007
195	国际汉语教学动态与研究（2006第四辑）	张西平，张晓慧主编；北京外国语大学国际汉语教学信息中心编	北京	外语教学与研究出版社	2007
196	首届北京地区对外汉语教学研究生学术论坛文集	北京大学对外汉语教育学院研究生会及论坛组委会编	北京	北京大学出版社	2010
197	对外汉语语用的多维度研究	唐雪凝等著	青岛	中国海洋大学出版社	2007
198	对美汉语教学论集	程爱民，何文潮，牟岭主编	北京	外语教学与研究出版社	2007
199	远程对外汉语教学评价研究	徐娟主编	北京	语文出版社	2007
200	马来西亚华文教育发展简史	郑良树著	北京	外语教学与研究出版社	2007

序号	题名	作者	地区	出版社	年份
201	印度尼西亚华文教育发展史	黄昆章著	北京	外语教学与研究出版社	2007
202	英汉语比较与翻译 2	刘重德主编	上海	上海外语教育出版社	2006
203	汉语词语与对外汉语研究	杨晓黎著	合肥	安徽大学出版社	2007
204	国际汉语教学动态与研究（第三辑 2006）	张西平，张晓慧主编；北京外国语大学国际汉语教学信息中心编	北京	外语教学与研究出版社	2006
205	国际汉语教学动态与研究（第一辑 2006）	张西平，张晓慧主编；北京外国语大学国际汉语教学信息中心编	北京	外语教学与研究出版社	2006
206	国际汉语教学动态与研究（第4辑）	张西平，张晓慧主编；北京外国语大学国际汉语教学信息中心编	北京	外语教学与研究出版社	2006
207	对外汉语教学的心理学探索	江新著	北京	教育科学出版社	2007
208	汉语应试指南	万宇编	南京	东南大学出版社	2005
209	游学在中国——语言文字篇	周健主编；暨南大学华文学院编；周健，张军编写	北京	外语教学与研究出版社	2005
210	游学在中国——文化艺术篇	周健主编；萧思齐[等]编写；暨南大学华文学院编	北京	外语教学与研究出版社	2005
211	汉语言文学、文秘教育、编辑出版学、对外汉语专业学习指导	王德明，莫其逊主编	桂林	广西师范大学出版社	2007
212	汉语作为外语教学能力考试应试技巧，中、高级	周晓更编著	北京	北京语言大学出版社	2005
213	对外汉语教学的教学研究	崔永华著	北京	外语教学与研究出版社	2005
214	国际汉语教学动态与研究（第1辑）	张西平，张晓慧主编；北京外国语大学国际汉语教学信息中心编	北京	外语教学与研究出版社	2005
215	国际汉语教学动态与研究（第2辑）	张西平，张晓慧主编；北京外国语大学国际汉语教学信息中心编	北京	外语教学与研究出版社	2005

序号	题名	作者	地区	出版社	年份
216	国际汉语教学动态与研究（第3辑）	张西平，张晓慧主编；北京外国语大学国际汉语教学信息中心编	北京	外语教学与研究出版社	2005
217	对外汉语教学理论与实践关系问题综论	程棠著	北京	北京语言大学出版社	2007
218	作为第二语言的汉语本体研究	陆俭明著	北京	外语教学与研究出版社	2005
219	中国文化场景中的对外汉语教学模式	葛星著	东营	中国石油大学出版社	2007
220	俄汉语对比研究	张会森主编	上海	上海外语教育出版社	2004
221	俄汉语称名单位的民族文化语义对比研究	吴国华著	北京	外语教学与研究出版社	2003
222	对外汉语研究（第三期）	齐沪扬主编；上海师范大学《对外汉语研究》编委会编	北京	商务印书馆	2007
223	华语官话语法	(西)弗朗西斯科・瓦罗著；姚小平，马又清译	北京	外语教学与研究出版社	2003
224	英汉语比较导论	魏志成著	上海	上海外语教育出版社	2003
225	对外汉语的课堂教学技巧	丁迪蒙著	上海	学林出版社	2006
226	汉语文化语用学：人文网络言语学	钱冠连著	北京	清华大学出版社	2002
227	汉语方言的连续变调模式[英文版]	Matthew YChen著；王嘉龄导读	北京	外语教学与研究出版社	2001
228	回眸与思考：对外汉语教学	张德鑫主编	北京	外语教学与研究出版社	2000
229	英汉语篇综合对比	彭宣维著	上海	上海外语教育出版社	2000
230	对外汉语教学习得研究	周小兵，朱其智主编	北京	北京大学出版社	2006
231	汉语、西班牙语双语比较	赵士钰著	北京	外语教学与研究出版社	1999
232	印尼语—汉语会话手册	武文侠编	北京	外语教学与研究出版社	1998
233	对外汉语语法及语法教学研究	孙德金主编	北京	商务印书馆	2006
234	对外汉语语音及语音教学研究	孙德金主编	北京	商务印书馆	2006
235	对外汉语词汇及词汇教学研究	孙德金主编	北京	商务印书馆	2006

序号	题名	作者	地区	出版社	年份
236	汉语作为外语的学习研究：认知模式与策略	徐子亮著	北京	北京大学出版社	2010
237	对外汉语阅读教学法	孟繁杰，陈璠著	厦门	厦门大学出版社	2006
238	汉语外语网络写作心理奥秘	易难编著	长春	东北师范大学出版社	2007
239	汉语作为外语的需求分析	倪传斌著	南京	河海大学出版社	2006
240	汉语作为外语教学能力等级标准及考试大纲	国家对外汉语教学领导小组办公室编	北京	北京大学出版社	2005
241	汉语作为外语教学的认知理论研究	徐子亮著	北京	华语教学出版社	2000
242	汉外语言文化对比与对外汉语教学	赵永新主编	北京	北京语言文化大学出版社	1997
243	汉语国际传播：新加坡视角	吴英成著	北京	商务印书馆	2010
244	对外汉语教师素质与教师培训研究	张和生主编	北京	商务印书馆	2006
245	留学生汉语输出学习策略研究	钱玉莲，赵晴菊著	北京	世界图书出版公司北京公司	2009
246	留学生习得汉语句子发展研究	王永德著	上海	复旦大学出版社	2008
247	外国留学生习得汉语句子的比较研究	王永德著	合肥	安徽大学出版社	2004
248	留学生汉语写作进阶	何立荣编著	北京	北京大学出版社	2003
249	对外汉语课堂教学技巧研究	张和生主编	北京	商务印书馆	2006
250	高等学校外国留学生汉语言专业教学大纲	国家对外汉语教学领导小组办公室编	北京	北京语言文化大学出版社	2002
251	高等学校外国留学生汉语教学大纲，短期强化	国家对外汉语教学领导小组办公室编	北京	北京语言文化大学出版社	2002
252	高等学校外国留学生汉语教学大纲，长期进修	国家对外汉语教学领导小组办公室编	北京	北京语言文化大学出版社	2002
253	外国留学生学习汉语疑难例解	王素梅主编	沈阳	春风文艺出版社	1996
254	世界汉语教育史	张西平主编	北京	商务印书馆	2009
255	计算机技术与世界汉语教学	郑艳群著	北京	外语教学与研究出版社	2008
256	走向世界的汉语教学探索：第四届对外汉语国际学术研讨会论文集	北京语言大学对外汉语研究中心编	北京	外语教学与研究出版社	2008
257	走向世界的汉语	凌德祥著	北京	文化艺术出版社	2006

序号	题名	作者	地区	出版社	年份
258	对外汉语教学心理学引论	张灵芝著	厦门	厦门大学出版社	2006
259	世界少儿汉语教学与研究	李润新主编	北京	北京语言大学出版社	2006
260	汉语熟语与中国人文世界	崔希亮著	北京	北京语言大学出版社	2005
261	汉语走向世界丛书		北京	中国时代经济出版社	2009
262	对外汉语课堂教学概论	彭增安，陈光磊主编	北京	世界图书出版公司北京公司	2006
263	第四届国际汉语教学讨论世界汉语教学学会成立六周年纪念	本书编辑委员会编	北京	北京语言学院出版社	1994
264	世界汉语教学主题词表	许维翰,武金香编	北京	北京语言学院出版社	1993
265	面向世界的汉语教学	中国对外汉语教学学会华东地区协作组编	上海	复旦大学出版社	1992
266	世界汉语教学书目概览第一分册：1889-19903	北京语言学院世界汉语教学交流中心信息资料部编	北京	国际文化出版公司	1991
267	世界汉语教学概况	北京语言学院世界汉语教学交流中心信息资料部编	北京	国际文化出版公司	1991
268	世界汉语教学百科辞典	王国安主编	北京	汉语大词典出版社	1990
269	现代汉语虚词研究与对外汉语教学（第三辑）	齐沪扬主编	上海	复旦大学出版社	2010
270	对外汉语任务型教学	吴中伟，郭鹏著	北京	北京大学出版社	2009
271	多元文化背景下的对外汉语教学	朱永生，彭增安主编	上海	学林出版社	2006
272	对外汉语教学导论	周小兵主编	北京	商务印书馆	2009
273	对外汉语教学难点问题研究与对策	朱芳华著	厦门	厦门大学出版社	2006
274	对外汉语阅读与写作教学研究	李晓琪主编	北京	商务印书馆	2006
275	对外汉语口语教学研究	李晓琪主编	北京	商务印书馆	2006
276	对外汉语综合课教学研究	李晓琪主编	北京	商务印书馆	2006
277	对外汉语文化教学研究	李晓琪主编	北京	商务印书馆	2006
278	对外汉语听力教学研究	李晓琪主编	北京	商务印书馆	2006
279	对外汉语教学学科理论研究	李泉主编	北京	商务印书馆	2006

序号	题名	作者	地区	出版社	年份
280	对外汉语教学理论研究	李泉主编	北京	商务印书馆	2006
281	对外汉语课程、大纲与教学模式研究	李泉主编	北京	商务印书馆	2006
282	对外汉语教材研究	李泉主编	北京	商务印书馆	2006
283	中介语与对外汉语教学	姚晓波著	上海	学林出版社	2009
284	对外汉语论丛 第五集	王德春主编	上海	学林出版社	2006
285	“国别化”对外汉语教学用词表制订的研究	甘瑞瑗著	北京	北京大学出版社	2006
286	对外汉语学习词典学国际研讨会论文集 二：北京2006年	郑定欧，李禄兴，蔡永强主编	北京	中国社会科学出版社	2006
287	对外汉语计算机辅助教学的实践研究	郑艳群主编	北京	商务印书馆	2006
288	对外汉语计算机辅助教学的理论研究	郑艳群主编	北京	商务印书馆	2006
289	钟梫对外汉语教学初探	钟梫著	北京	北京语言大学出版社	2006
290	实用对外汉语教学语法	陆庆和著	北京	北京大学出版社	2006
291	对外汉语研究 第二期	齐沪扬主编；上海师范大学《对外汉语研究》编委会编	北京	商务印书馆	2006
292	对外汉语教学研究论著索引 1950–2006	孙德金主编	北京	商务印书馆	2009
293	对外汉语书面语教学与研究的最新发展：哈佛大学高年级对外汉语教学研讨会论文集	冯胜利，胡文泽主编	北京	北京语言大学出版社	2005
294	对外汉语教育学科初探	刘珣著	北京	外语教学与研究出版社	2005
295	对外汉语教学研究	刘颂浩著	北京	教育科学出版社	2005
296	语言教育与对外汉语教学	吕必松著	北京	外语教学与研究出版社	2005
297	对外汉语语感教学探索	周健著	杭州	浙江大学出版社	2005
298	对外汉语阅读研究	周小兵，宋永波主编	北京	北京大学出版社	2005
299	对外汉语研究与评论	张旺熹著	北京	教育科学出版社	2005
300	实用对外汉语教学法	徐子亮，吴仁甫著	北京	北京大学出版社	2005
301	对外汉语教学理论与语言学应试指南	徐正龙编	南京	东南大学出版社	2005

专题四　北京国际汉语教学相关教材出版情况

随着中国经济实力的持续增强，互联网等媒体的日渐发达，世界各国对中国的了解和兴趣也不断增加。来华留学、工作以及在海外学习汉语的人数也随之激增。国外越来越多的中小学、大学开设汉语课程，社会上各种语言教学机构在不断增加。在这样的大环境下，为了满足国内外汉语学习者的需求，北京市各出版社近十年来策划编写了一系列汉语教材，取得了突出的成就，但同时也存在不足。

（一）出版教材情况概述

课题组对全国81家出版语言类专著及教材的出版社2000——2009年出版的用于国际汉语教学的相关教材进行了全面统计，就教材形式而言，可按系列教材、单本教材进行分类。

课题组首先统计了大型系列教材、其他单一教材的出版数量，对每种教材的出版时间、适用对象等情况进行了考察。结果显示，截至2009年12月31日，北京各出版社共出版系列汉语教材52套，单本教材206种（不计历年再版情况）；全国共出版系列汉语教材64套，单本教材228种。与全国其他地区相比，北京市出版国际汉语教学相关教材的数量最大，系统性强，出版系列教材占全国总数的81%，单本教材占全国总数的90%，处于绝对核心地位。

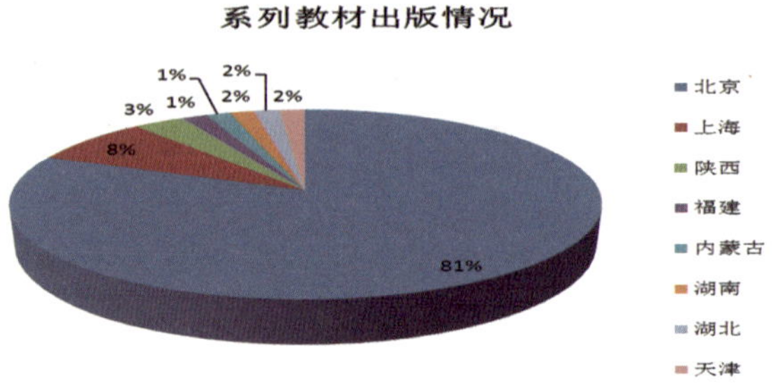

图7—1：全国各省市系列教材出版情况

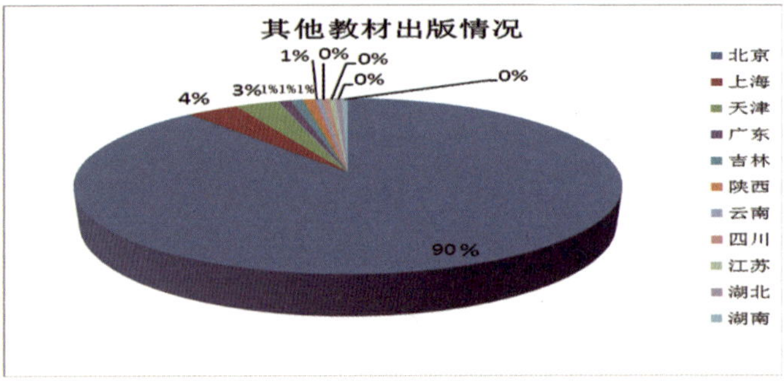

图7—2：单本教材出版情况

除了上述按照系列教材、单本教材进行的统计以外，课题组还按教材的种类（将系列教材视为一种）进行了统计。从教材出版总数看，截至2009年12月31日，全国共出版各类汉语教材292种，其中北京各出版社共出版258种，占全国教材总量的88.4%。

课题组根据教材的适用对象，将教材分为对外汉语教材、海外中文教材、专门用途教材三个大类：

1．对外汉语教材，指以来华汉语学习者为教学对象，在中国国内进行汉语教学的教材，通用性较强，适用于各国留学生。例如：商务印书馆出版的《实用汉语课本》系列教材。

2．海外中文教材，指由国内出版社出版并发行海外的中文教材。既包括国内对外汉语教材的海外译注本，如：人民教育出版社出版的《跟我学汉语》系列教材，也包括以某个国家或某个地区的汉语学习者为教学对象，词汇及内容与本土文化相结合的本土化教材，如：北京语言大学出版社出版的《对日汉语语音教程》。

3．专门用途教材，指某一专业领域的汉语教材，如面向HSK考试、商务、法律、医学、旅游等专门用途的教材。

数据统计发现，对外汉语教材共有220种，占全国出版汉语教材总数的75.3%，所占市场份额最大。全国向海外发行的中文教材共有72种，其中北京市各出版社共出版70种。全国共出版专门用途教材30种，其中北京市各出版社共出版28种。然而有针对性的"本土化"教材为数甚少，只有《泰国人学汉语》、《对日汉语语音教程》等7种。

根据统计情况可以看出，在已出版的面向汉语国际推广教材中，本土化教材和专门用途教材数量偏少，应加大开发力度。

（二）出版机构情况概述

近年来由于政策的支持、市场需求的不断增长，各大出版社也纷纷对对外汉语教材的出版工作给予了充分的重视。2000——2009年这十年间有36家出版社参与出版了汉语教学相关的教材。

以北京、上海为中心，遍布全国陕西、云南、湖南、湖北、内蒙古等13个地区。其中北京市以北京语言大学出版社、北京大学出版社、华语出版社等三大专业出版社为主，共有18所出版机构参与出版此类教材，占全国出版机构的二分之一。具体的分布情况如下：

北京（18家）：北京语言大学出版社、华语教学出版社、北京大学出版社、新世界出版社、北京师范大学出版社、商务印书馆、中国人民大学出版社、经济科学出版社、世界图书出版公司、人民教育出版社、外语教学与研究出版社、科学普及出版社、高等教育出版社、清华大学出版社、语文出版社、中国社会科学出版社、中央民族大学出版社、对外经济贸易大学出版社

湖北（2家）：武汉大学出版社、华中师范大学出版社

湖南（2家）：湖南大学出版社、湖南科技出版社

吉林（1家）：吉林大学出版社

陕西（1家）：陕西师范大学出版社

上海（3家）：上海外语教育出版社、上海译文出版社、复旦大学出版社

天津（1家）：南开大学出版社

四川（1家）：西南交通大学出版社

福建（1家）：厦门大学出版社

内蒙古（1家）：内蒙古教育出版社

云南（1家）：云南大学出版社

江苏（1家）：苏州大学出版社

广东（1家）：暨南大学出版社

（三）对教材及出版现状的评价及展望

基于课题组的调查，可以看出，与全国其他地区相比，北京市出版的教材数量最大，系列教材数量最多，教材总量占全国的最大份额，处于绝对主导地位。当然，在看到已取得的一系列成就的同时，我们也要看到，关于教材研发尚有很大的发展空间，以下两个方面尤其应该引起重视：

1．应大力发展本土化教材。随着汉语国际推广事业的蓬勃发展，越来越多的有识之士开始关注庞大的海外市场。现有海外中文教材多以各国译注本的形式出现，针对性强的本土化教材稀缺。根据课题组的统计，现存本土化教材仅有7种，远远不能满足日渐增长的市场需求。因此，我国出版机构应大力发展海外本土化教材的编写、出版及使用推广。

2．专门用途类教材尚有待开发。随着中国国际地位的提高，各国汉语学习者中非华裔学生的比例逐渐加大。学习汉语往往是以就业前途、工作需要等经济原因为出发点。根据我们的调查，现有的课堂用教材依然是语言技能类教材占绝大多数，其他如商务、法律、历史等专门用途类的教材少之又少，有待开发。

专题五　北京市汉语国际推广网站情况

此调查针对全国从事汉语国际推广的网站，根据内容相关度高、有一定规模、更新速度较快等条件筛选出19家。

1. 全国汉语国际推广网站分布集中于北京，其运营时间短，总体流量偏低。

调查数据显示，全国汉语国际推广的专业性网站不多。从分布来看，19家网站分布相当集中，其中有16家的主办单位在北京，占总数的84%。其余3家在上海。

从网站成立时间看，19家网站除3家情况不明外，均在2005年之后成立。仅2005年一年建立的就有5家，占近三分之一。

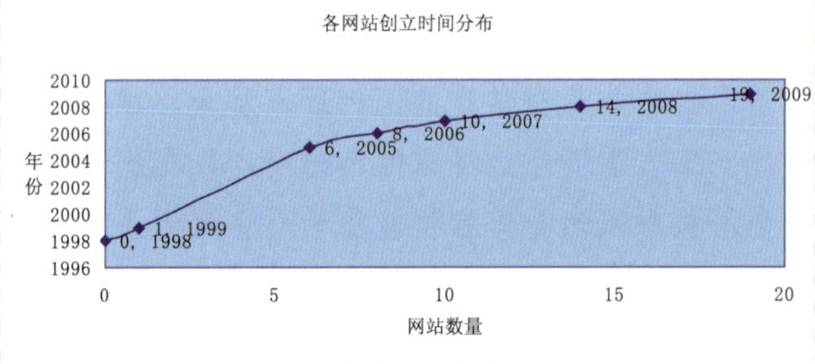

图6—1：汉语国际传播相关网站创立时间

从流量来看，根据ALEXA中国官方网站公布的全球网站流量排名（以2010年10月6日为准），除四家网站数据缺失或挂靠其他服务器外，其中有11家网站排名在100万名之后，占总数的73.3%。排名第一的网络孔子学院也仅排在99 680名，排名最后的一家网站在1000万名之后。

表6—1：汉语国际传播相关网站全球流量排名统计

网站名称	全球网站流量排名
网络孔子学院	99 680
中文时代	302 242
东方汉院	317 654
中国华文教育网	392 050
汉语网	1 360 938
目标中文	1 406 288
eChinese中文网	1 697 866
中央广播电视大学对外汉语教学网	1 955 378
长城汉语	2 427 984
世界汉语教学学会	2 939 539
北京师范大学汉语文化学院	3 737 151
汉语之声	4 005 944
国家对外汉语网	4 260 626
汉语世界	5 079 864
手里汉语学院	11 711 922
北京汉语网	201 908〔挂靠北京市教委服务器（bjedu.cn)〕
北京大学对外汉语教育学院	4 185〔（pku.edu.cn)挂靠北京大学服务器〕
中国人民大学汉语国际推广研究所	无
国际汉语教师研修基地	无

2. 网站版面、语种建设情况

调查显示，大部分网站拥有新闻信息、教学资源、学习资源、交流互动平台、文化资源、在线课堂等板块。

总体来说，设置学习资源和交流互动平台的网站较多，分别占84.3%和73.6%。教学资源和在线课堂相对较少，分别占63.1%和57.7%。六大板块均设置的网站有4家，占21%。值得注意的是，位列前5位的网站都有学习资源、交流平台与在线课堂。

统计显示，68.4%的网站进行了版面语种建设，具备基本的中英双语界面。其中5家网站语种达4种以上，最多的网络孔子学院有9种。点击率排名前三位的网站语种均超过三种。

表6—2：汉语国际传播相关网站的语种数量统计

网站名称	语种名称	语种数量
网络孔子学院	简中、英、德、法、日、韩、西、阿、泰	9
长城汉语	简中、韩、英、法	4
北京师范大学汉语文化学院	简中、英、日、韩	4
北京汉语网	简中、英、日、韩	4
东方汉院	简中、英、日、韩	4
中文时代	简中、繁中、英、日	3
汉语网	英、日、韩	3
汉语之声	简中、英	2
中国人民大学汉语国际推广研究所	简中、英	2
目标中文	简中、英	2
汉语世界	简中、英	2
eChinese中文网（北京语言大学）	简中、英	2
中国华文网	简中、繁中	1
手里汉语学院	简体中文	1

世界汉语教学学会	简体中文	1
国家对外汉语网	简体中文	1
北京大学对外汉语教育学院	简体中文	1
中国广播电视大学对外汉语网	简体中文	1
国家汉语教师研修基地	简体中文	1

3. 特色网站介绍

（1）网络孔子学院（http://college.chinese.cn）

目前国内外最具影响力的汉语国际推广网站，是2008年由国家汉办/孔子学院总部主办的汉语教育类综合网站。面向全球所有汉语及中国文化爱好者，提供与汉语及中国文化相关的交流、教学及内容资源服务。目前其论坛总页面流量20 329 201，共计访问14 788 564人次，拥有注册会员310 991，游客14 477 573，会员在线时间最长为600.5小时。在课题组调查的19家网站中流量排名第一，全球排名99 680，远远高于排名302 242的第二位网站。可以说，网络孔子学院已成为全球汉语教师和学习者的信息平台以及教学和学习资源平台。

特色一，其网站内容全面丰富，板块设计独特，有资源、学习、文化、互动四大中心，包含了汉语国际推广网站的所有重要板块。各中心又下设众多子板块。以学习中心为例，针对不同群体下设大众版、少儿版、教师版，以及法语、西班牙语、日语、泰语等九种不同语言版本。网站的文化中心下设饮食、曲艺、功夫、旅游、文物、中医等十个频道。互动中心下设博客、交友、组群、论坛、相册、图库等六个子板块，其中论坛板块就有29个，会员31万，访问量大。

特色二，汉语教师志愿者在线培训。此学习系统是“网络孔子学院”在志愿者板块下设置的，专门针对2010年赴泰国、菲律宾、尼泊尔等国志愿者储备培训学员的专业培训系统。系统为志愿者提供课程在线学习、优秀课件下载、赴任国指导、志愿服务经验交流等服务，开辟了志愿者远程培训的新途径，成为网络孔子学院的一大亮点。“网络孔子学院”的教师版学习中心与在线拼音表、中文大师、汉语词典等工具类软件实现链接，设计方便实用。日韩版学习中心设置的慢速新闻栏目，也很受学生的欢迎。

特色三，运营管理细致精心。以论坛板块为例，在论坛统计中，不仅有论坛流量的基本统计，还有月流量统计、板块流量排名、板块发贴排行，乃至24小时发贴排行。这种详尽的数据统计在其他汉语国际推广网站中均未找到。从网站的更新频率上，远远优于同类网站。

（2）北京汉语网（http://www.bjchinese.bjedu.cn）

“北京汉语网”是由北京市教委汉语国际推广中心主办的大型官方专业网站。网站依托北京特有的教育资源优势，开展汉语国际推广工作。网站设置了北京汉语留学院校纵览、北京市汉语推广基地校介绍、北京的汉语教师、来北京的N个理由等多个具有北京地域特色的板块，全面细致地向世界介绍了北京的汉语国际推广资源。网站的汉语国际推广信息资源库，不仅有境外汉语教学机构、境外汉语教师资源介绍，还有境外汉语教学学科信息。虽然目前规模不大，但可以看出网站有立足北京，面向世界的战略眼光。

其社区服务板块中设置了找语伴、留学我知道、留学生主题社区等栏目，非常贴近来京外国学生的生活，帮助他们了解北京的衣食住行、在京留学生的各种活动，结交中外朋友，还为他们解答如何申请奖学金、办理签证等各种实际问题，已经成为在京留学生的“网上之家”。

4. 对汉语国际推广网站建设的思考

（1）北京市汉语推广网站在数量上占绝对优势，走在了全国汉语推广网站建设的前列。调查显示，全国84%的汉语国际推广网站在北京，远远超出位居第二的上海。这说明北京市非常重视汉语国际推广事业的推进，在汉语国际推广网站的建设中抢占了先机。但也应该看到，网站目前的数量和质量远不能适应汉语国际推广事业迅猛发展的速度。目前全世界有109个国家、3 000多所高等学校开设了汉语课程。汉语学习的人数已经超过了4 000万。与之相比，现在网站的规模还相当小，网站流量不容乐观，绝大多数网站浏览量低不能起到进一步推动汉语国际推广事业的作用。

（2）学习资源多于教学资源，教学资源的建设应是以后网站建设的重点。调查显示，多数网站缺少教学资源和在线课堂板块。从统计数据我们可以看出，这两个板块的建设状况直接影响到网站的流量。在线课堂的建设尤其应是汉语国际推广网站建设的核心。远程汉语教学辐射面广，不受时间空间限制，节省成本，是网络的独特优势。发挥这种优势，吸引更多的海外汉语学习者，是汉语国际推广网站建设的当务之急。

（3）提倡网站的多语种建设，体现“世界城市”特色。

专题六　北京举办汉语国际推广高层学术会议情况

全球范围的世界汉语教学学会和众多国别区域性的学术团体，定期举办国际性、国别性、区域性的国际汉语教学学术研讨会，这些会议已成为海内外同行学术交流的主要渠道和机制。课题组对“高层会议”的界定是指面向国内外、由专业机构或院校主办的国际汉语教学学术研讨和汉语国际推广相关的会议。2005年以来，此类研讨会的频率不断增加，影响力不断提高，既推动了国内外的学术交流，也推动了国际汉语教学的学科建设和发展。

本调查的数据一部分来源于世界汉语教学学会网站和国家汉办网站，另一部分来源于网络关键字段检索，检索结果再按照“高层会议”的界定进行筛选。

1. 北京是汉语国际推广高层学术会议的举办中心

1985年8月至2010年12月期间在中国举办的40次高层汉语教学与推广学术会议中，在北京举办的占57%，上海占18%，其他地区占25%。北京共举办过23次相关的高层会议，先后召开过七届“国际汉语教学讨论会”，五届“孔子学院大会”，两届“世界汉学大会”。国家汉办、世界汉语教学学会、北京大学对外汉语教育学院、北京语言大学、北京外国语大学等单位是高层会议的积极倡导者和组织者，在国内外具有相当大的号召力和影响力。具有划时代意义的首届世界汉语大会2005年7月在北京召开，这次大会实为汉语国际推广的首次动员大会，有来自五大洲60个国家的300多位代表出席，此次会议后，汉语国际推广工作进入了高速发展阶段。

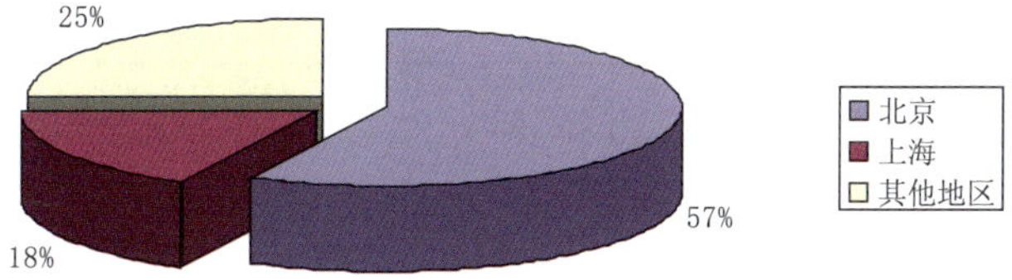

图6—3：各地举办汉语国际推广高层学术会议的次数对比

2. 会议规模两极化

表6—2：北京举办的高层会议的基本情况

北京举办的高层会议名称	参会人数	会议主题
第一届国际汉语教学讨论会	260	
第二届国际汉语教学讨论会	300	
第三届国际汉语教学讨论会	299	汉语教学理论和教学方法等
第四届国际汉语教学讨论会	330	汉语教学与研究、汉外语言对比研究等
第五届国际汉语教学讨论会	400	汉语语言与汉语教学研究等
第一届孔子学院大会	400	
第一届世界汉学大会	110	文明对话与和谐世界
汉语作为外语教学高级论坛	20	对外汉语教学中一些影响全局的理论和实践问题
第八届国际汉语教学讨论会	420	世界多元文化架构下的汉语发展
第二届孔子学院大会	1 000	孔子学院经验总结及未来发展
第三届孔子学院大会	500	孔子学院与全球教育
北京举办的高层会议名称	参会人数	会议主题

第二届中青年学者汉语教学国际学术研讨会	80	汉语教学理论与实践等
第九届国际汉语教学讨论会	1 000	多元化世界汉语教学、汉语国际教育标准与多元化教学
第二届世界汉学大会	198	汉学与跨文化交流
第四届孔子学院大会	500	孔子学院与社区服务
全国首届非英语国家汉语师资培养研讨会	60	国际汉语教师培养中存在的问题
第十届国际汉语教学讨论会	400	世界汉语教学的新教材与新教法
第五届孔子学院大会	1 400	孔子学院可持续发展

参会人数在400-1 000以上的大型会议，议题多，涉及面较广。2008年的第九届国际汉语教学讨论会上，就汉语国际教育与学科建设等8个专题的41个议题进行了研讨，同时还组织了汉语考试分会、国际汉语教学资源展览、示范课观摩交流与优秀成果评选等多项主题活动。2010年12月召开的第五届孔子学院大会，有来自世界96个国家和地区的1 400多位代表参加，会上举办了12个议题的校长和院长论坛（“孔子学院与所在大学学科及当地教育系统连接”，“双方校长对孔子学院的支持及促进双向交流”，“孔子学院的合格标准与评估办法”，“孔子学院的资金筹措和管理”，“孔子学院与企业的合作”，“孔子学院与学生未来职业发展”），还组织了国际汉语教材展，表彰了先进孔子学院和个人及优秀教材。

参会人数介于20-110人的小型会议，规模虽然不大，但深入研讨某一关键问题，比如在2007年的汉语作为外语教学高级论坛中，讨论专题是“对外汉语教学中影响全局的理论和实践问题”，在2010年的首届非英语国家汉语师资培养研讨会上，讨论专题是“国际汉语教师培养中存在的问题”。总之，既有“小而精”的会议，也有“大而全”的会议，都是应国际汉语教学和汉语国际推广之需而召开，各自起着不同的重要作用。

2. 2007年以来此类会议举办频率不断增加

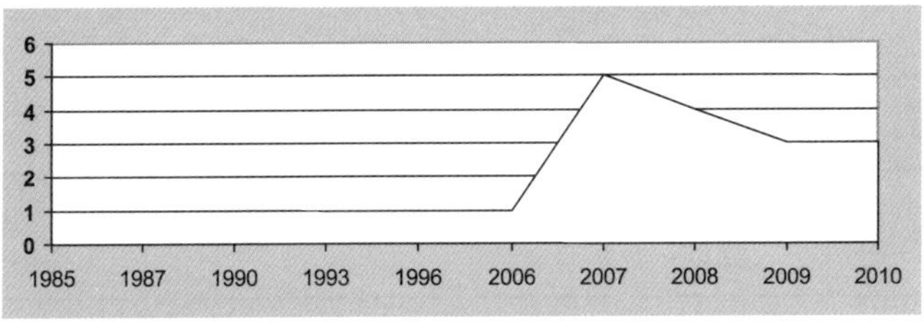

图6—4：北京市每年举办国际汉语教学及汉语推广相关会议的次数

仅2007一年，北京就举办了五次相关会议（第一届世界汉学大会、汉语作为外语教学高级论坛、第八届国际汉语教学讨论会、第二届孔子学院大会、第四届对外汉语国际学术研讨会），2007年之前，每年在北京召开一次相关会议，2007年之后，保持在每年召开3-4个研讨会的频率。

3. 会议主题从关注对外汉语教学转向汉语国际推广

表6—3：国际汉语教学研讨会主题

国际汉语教学研讨会	
会议名称	主题/专题
第一届	对外汉语教学
第二届	汉语研究、教材教法研究、汉外对比研究
第三届	汉语教学理论和教学方法，汉语研究，教材编写，汉外对比研究

专题报告

国际汉语教学研讨会	
会议名称	主题/专题
第四届	汉语教学与研究、汉外语言对比研究，教材及工具书编写，计算机辅助汉语教学、测试
第五届	汉语语言与汉语教学研究，教材编写，跨文化交际与对外汉语教学，课堂语言教学与各国汉语教学概况，教学大纲制订与语言教学法
第六届	“21世纪的汉语教学”
第七届	“汉语走向世界”：汉语本体，二语习得，语言与文化，教材教法、测试
第八届	“世界多元文化架构下的汉语发展”
第九届	“汉语国际教育标准与多元化教学”：下设汉语国际教育与学科建设的8个专题
第十届	汉语教学法创新、汉语教材编写思考与创新、汉语技能教学、汉语要素教学、汉语课堂教学研究、汉语教学资源与信息技术、测试和汉语教材使用培训与市场推广等9个专题

第一届国际汉语教学讨论会提交的论文绝大多数都是对外汉语和汉语本体进行的研究，海外汉语教育研究的论文仅见几篇；从第七届“汉语走向世界”开始，国际化视野更加突出。第九届国际汉语教学讨论会围绕汉语国际教育与学科建设等8个专题分为41个讨论组，研究论文分为国际汉语教学现状、学科建设与师资培养、教学法与教学模式、汉语教学、教学资源与测试五大块，研讨会同时组织了汉语考试分会、国际汉语教学资源展览、示范课观摩交流与优秀成果评选、国际汉语教学新产品推介与研讨等

多项主题活动，汉语教育已完全放在全球背景下进行考察。

总之，近几年北京高层会议关注的焦点是前所未有的汉语国际推广新机遇和挑战、如何改革才能推动汉语国际化发展、国际汉语教学学科建设等问题。然而我们也要看到，这其中，官方和半官方组织的会议居多，纯民间组织的会议较少，应该进一步大力支持和鼓励高校及其他研究机构举办汉语国际推广相关的学术会议，它将进一步成为汉语国际推广的重要平台。

专题七　北京市外国留学生留学成本

外国留学生的留学成本，大致可分为学习成本和生活成本两大部分。其中学习成本中包含学费及学杂费。学杂费中的报名费、签证办理费用、教材教辅费等费用因数额较小，各地收费标准相差不大，对结果影响较小，故不在比较范围之内。生活成本中，除住宿费外，其余部分如衣食和旅行，由于个体消费习惯差异较大，数据不易统计，因此将以各地城市居民的生活成本为根据进行比较。故此研究报告中，课题组将主要对外国留学生的留学成本进行三方面的比较分析，即学费、住宿费及其他生活成本三个方面，其中其他生活成本的比较将参照美世资讯2008年5月发布的《中国内地城市生活成本调研》中的数据进行分析。

（一）数据的观察与分析

我们以“元/学年”为单位，对全国31个省、市、自治区（除香港、澳门、台湾）留学生的年平均学费及住宿费情况进行了统计。依据教育部国际合作交流司印发的《来华留学生简明统计（2008）》中各省市接受来华留学生院校的名单，我们对所有院校在网站上发布的收费标准进行了统计，部分数据参照北京市国际教育交流中心编著的《留学北京指南（2008）》。美元数据换算成人民币进行统计，兑换率参照的是2010年6月3日中国银行发布的中间价1美元兑换6.82人民币。

1. 各省市外国留学生学费情况比较

根据外国留学生学习类别和层次的不同，留学生应缴纳的学费也有所不同，大致可分为2个大类，即非学历来华留学生的学费和学历来华留学生的学费。“非学历来华留学生”是指不以攻读我国高等学历学位为目的的各类长短期留学生，包括高级进修生、普通进修生、语言进修生和短期留学生。短期留学生随具体项目变化而高低不一，故不列入比较范围。“学历来华留学生”包括专科留学生、本科留学生、硕士研究生和博士研究生。为方便叙述，以下简称非学历留学生和学历留学生。

非学历留学生年平均学费情况比较：

非学历留学生中，普通长期进修生的学费一般比高级进修生和短期进修生的学费低一些，进入医科进修的学生所缴纳的学费高于进修文、理科专业的学生。在非学历留学生中，语言进修生所占比例较大。而有的省市，如黑龙江、青海等，只有对语言进修生的收费标准，而未设对其他进修生的收费标准。为了便于比较，我们先对该院校各类非学历留学生的年学费求取平均值，得到该院校非学历留学生的年平均学费，再将该省市所有接受留学生院校的平均学费求取平均值，得到该省市非学历留学生的年平均学费来进行比较。

从非学历留学生的年平均学费来看，北京和上海两地是全国最高的。上海以27 507元/学年位列第一，北京以24 442元/学年紧随其后，而全国非学历留学生年平均学费仅为16 332元/学年。其余各省中，平均20 000元/学年以上的只有4个，年平均低于15 000元/学年的却有11个之多，其中以宁夏最低，10 000元/学年。

表7－1：年平均学费超过20000元/学年的4省市

1上海市	27 057元/学年
2北京市	24 442元/学年
3天津市	21 680元/学年
4江苏省	20 403元/学年

表7－2：年平均学费低于15000元/学年的10省

1内蒙古	14 888元/学年	7安徽省	12 933元/学年
2四川省	14 070元/学年	8新疆区	12 750元/学年
3甘肃区	14 062元/学年	9广西区	11 870元/学年
4黑龙江	14 000元/学年	10河南省	11 175元/学年
5青海	14 000元/学年	11宁夏	10 000元/学年
6福建省	13 780元/学年		

学历留学生年平均学费情况比较：

学历留学生分为三个层次，本、专科生，硕士研究生和博士研究生。文、理和医科各专业的学费标准不一样，医科最高，而理科也一般比文科高。我们分别对各省市这三个层次各个专业留学生的年平均学费进行了统计。总体来看，仍是北京和上海遥遥领先于其他省市。

表7－3：北京、上海与全国学历留学生年平均学费对比

	北京	上海	全国平均
本、专科生	30 612元/学年	27 083元/学年	16 763元/学年
硕士研究生	36 161元/学年	31 680元/学年	20 680元/学年
博士研究生	39 858元/学年	40 832元/学年	24 847元/学年

从表7-3可以看出，北京各层次学历留学生的年平均学费都高出全国学历留学生年平均学费将近一倍。即使与上海相比，除了博士研究生的学费以外，另外两个层次学历留学生的年平均学费北京也都比上海的高。来北京攻读本、专科的留学生平均每年要比去上海的多交3 529元学费，而攻读硕士学位的留学生则每年平均要多交4 481 元学费。

2. 全国各省市留学生住宿费情况

我们以各院校在网站上发布的住宿费信息为依据，以元/床/天为单位，对各省市留学生双人间每人每床的年平均住宿费进行了比较。全国平均住宿费为9 883元/年，各省市中高出全国平均数的有12个。这16个省市又明显分为2个梯队。9 001 -13 000元/年的有8个，而超过13 000元/年的还有4个。北京很明显是属于第一梯队的，也就是说，是年平均住宿费最高的几个省市之一。

表7－4：年平均住宿费高于9 001元/年的省市（16个）

浙江	16 242元/年	天津	11 771元/年
湖南	16 175元/年	辽宁	10 513元/年
上海	15 836元/年	河北	10 103元/年
北京	15 798元/年	山西	9 928元/年
海南	12 775元/年	黑龙江	9 822元/年
山东省	12 410元/年	宁夏区	9 125元/年
陕西省	12 122元/年	重庆	9 083元/年
湖北省	11 820元/年	四川省	9 060元/年

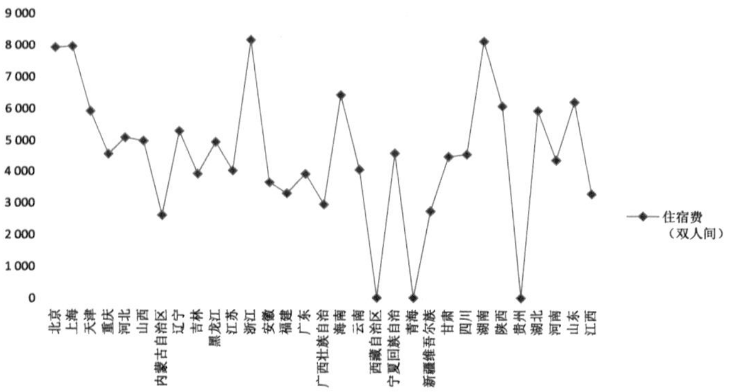

图7—1：全国各省市留学生年平均住宿费（双人间床位）情况图

3. 全国各省市生活成本情况比较

中国在快速城市化的过程中，各个城市的发展程度与生活成本也有着极大的区别。中部、西部、东部三大地区城市的生活成本有较大差距，对留学生的学习目的地选择有着一定的影响。作为中国的首都，政治和文化中心，北京的生活成本与其他城市相比并不占据优势，根据美世咨询发布了《中国内地城市生活成本调研》报告显示，北京、上海、深圳是中国生活成本最高的城市。

具体而言：以北京为参照城市，衡量一个人想要在中国的不同城市达到同样生活水平每月各需要多少开支。例如，拿一个在北京月薪为5 000元(税后)人民币的人，可以达到的生活水平作为参照点，那么达到同等的生活水平在其他城市需要多少的月薪来维持呢？选取其他中国主要城市与北京进行对比，以北京为基准1，计算其他城市生活成本系数，结果显示为（其中包括物价水平、居住成本、交通成本、城市现代化等诸多方面的因素）：

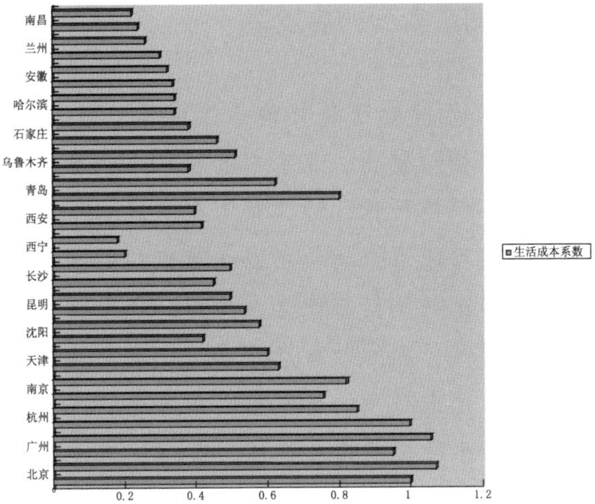

图7—2：全国主要城市生活成本对比

以北京为基准与全国其他主要城市就每月生活成本进行比较，我们将会发现，北京、上海和深圳在同一个水平上，属于全国生活成本最高的城市之一，远远高出全国平均水平。而生活成本最低的西藏拉萨市却仅仅还不及北京市的五分之一。

表7—6：月生活成本需高于4 000元/月的7省市

以北京5 000元/月为基准			
上海	5 350元	浙江杭州	4 980元
深圳	5 280元	江苏苏州	4 300元
广州	4 750元	福建厦门	4 100元

专题报告

②数据资料来源于美世咨询《中国内地城市生活成本调研》

（二）从本调查得到的启发

无论是学费、住宿费还是其他生活成本，外国留学生在北京市的留学成本均相对较高。北京市的留学生学费在近几年内未曾大幅上涨，一直保持平稳，而北京市生活成本高也是一个客观事实，因此下调的可能不太大。所以北京市在留学成本这个方面与全国其他省市相比并不具有优势，反而是处于相对劣势的。目前，全球经济不景气，国际教育产业自然也会受其影响。留学成本的高低必将成为越来越多的留学生必须考虑的一个因素。那么怎样才能保证留学生数量的增长速度，继续保持北京市留学生绝对数量在全国的领先优势呢？特别是要达到每年递增13.5%，2020年北京外国留学生人次数25万人次以上的目标，更绝非易事。北京市不能掉以轻心，必须看清形势，多方面、多渠道，想方设法，增强北京对广大留学生的吸引力。

在吸引留学生方面，北京在以下几个方面的竞争力尚有待提升：

1．硬件投入不够，要想降低留学生在京的居住成本，就要为他们的住宿提供更多选择。

2．在中国政府奖学金标准中，扣除学生每月生活费后，各类学生所剩奖学金金额是：本科生为每年16 800元，硕士研究生为每年20 400元，博士研究生为每年24 000元。如果与北京市学历留学生的年均学费和住宿费对照，就会发现，中国政府奖学金的金额只够支付学历留学生的学费或住宿费其中的一项，各招收享受中国政府奖学金的留学生的高校其实都在或多或少地用自己的经费进行补贴，因而导致北京市高校招收享受国家奖学金留学生的积极性受挫。

3. 留学市场大部分由高校占据，能够参与其中的民间办学机构极少，市场竞争机制不健全。

后　记

“北京市汉语国际推广现状与发展战略研究”课题是由北京市汉语国际推广中心谷天刚和王春艳总策划，课题的具体研究工作由中央民族大学国际教育学院承担。中央民族大学国际教育学院吴应辉和央青担任课题组组长，谷陵担任副组长，学院教师、汉语国际传播研究方向的博士生和部分汉语国际教育硕士生参与。本课题的研究由六个课题小组实施，具体分工如下：

吴应辉主要负责课题总体研究方案设计、课题组组建、研究报告中的前言及发展战略两个部分的撰写、研究报告的修改和最后审定；央青负责对课题的各项专题研究进行组织协调、各专题报告的修改审定及部分研究报告的起草、修改和审定工作；谷陵牵头负责了专题五及部分专题二、专题六的研究工作，并在各专题研究结论的基础上，主要负责编写了最终研究报告，包括浓缩版和完整版。

其他课题组成员在各专题研究工作中的分工情况如下：

一、北京市汉语国际推广机构情况（蔡甜）

二、北京市汉语国际推广专业研究现状

1. 国际汉语教学专业研究人员状况（央青、谷陵、盛译元、吴明珠、张博、邹丽冰）

2. 国际汉语教学类著作出版情况（宋飞、叶俊杰、周凯罗）

………………

3. 国际汉语教学相关论文发表情况（谷陵、央青、吴峰、金春花、杨琦）

三、北京市汉语国际推广相关教材出版情况（王维、张博）

四、北京市汉语国际推广影响力的情况

1. 汉语国际推广网站情况（许丹、王璐）

2. 汉语国际推广高层次会议举办情况（央青、李玉、候晓明）

五、北京市外国留学生留学成本情况（谷陵、黄金英、陈思、孙宓琪、李锷）

六、北京市中小学汉语国际推广情况（宋飞、黄金英、央青、谷陵、盛译元、许丹、张博、蔡甜、金春花）

课题研究历时一年，经全体研究人员的分工协作，形成了这份研究报告。由于水平有限，部分资料难以收集，研究报告尚有很多欠妥之处。我们将虚心接受领导和专家的批评指正。

本课题是北京市汉语国际推广中心委托并支持完成的，课题组谨对该中心谷天刚主任、王春艳老师和其他老师表示诚挚的谢意。调查过程中得到多所学校有关领导和教师们的大力支持，课题组也对他们的帮助表示衷心的感谢！

课题组全体成员

2011年5月21日

参 考 文 献

[1] 国家汉办暨孔子学院总部：《孔子学院总部暨国家汉办2007年年度报告》[M]，2007。

[2]刘珣：《对外汉语教育学引论》[M]，北京语言大学出版社，2001。

[3]吴应辉、杨吉春： 泰国汉语快速传播模式研究[J]，《世界汉语教学》，2008第4期。

[4]吴应辉：加强研究，指导实践，让汉语又好又快地走向世界——汉语国际传播笔谈前言[J]，《云南师范大学学报》（对外汉语教学与研究版），2007第5期。

[5]许琳：汉语加快走向世界是件大好事[J]，《语言文字应用》增刊，2006。

[6]许琳：汉语国际推广的形势和任务[J]，《世界汉语教学》，2007第12期。

[7]章新胜：加强汉语的国际传播，促进多样文化的共同发展[J]，《求是》，2005第16期。

[8]张西平：在世界范围内书写中国学术与文化，《世界主要国家语言推广政策概览》[M]，外语教学与研究出版社，2008。

[9]王建勤：汉语国际传播标准的学术竞争力与战略规划，《云南师范大学学报》（对外汉语教学与研究版），2010第1期。

[10] 郝平：大力促进应用语言学发展，为国家的繁荣昌盛作贡献，中国语言文字网：http://www.china-language.gov.cn/。